本书系国家自然科学基金青年项目"要素配置扭曲、技术进步偏向与全要素生产率增长"（项目批准号：72003199）、教育部人文社会科学研究青年基金项目"偏向性技术进步视角下全要素生产率增长率研究"（项目批准号：20YJC790066）的阶段性研究成果

本书受中南财经政法大学出版基金资助

李小克 ◎ 著

国际贸易、偏向性技术进步 与中国制造业TFP增长

中国财经出版传媒集团

经济科学出版社

Economic Science Press

图书在版编目（CIP）数据

国际贸易、偏向性技术进步与中国制造业 TFP 增长/
李小克著．－－北京：经济科学出版社，2022.10
ISBN 978 - 7 - 5218 - 3950 - 0

Ⅰ. ①国…　Ⅱ. ①李…　Ⅲ. ①国际贸易 - 影响 - 劳动
能力 - 技术进步 - 研究 - 中国②国际贸易 - 影响 - 制造工
业 - 经济增长 - 研究 - 中国　Ⅳ. ①F74②F241③F426.4

中国版本图书馆 CIP 数据核字（2022）第 156833 号

责任编辑：程辛宁
责任校对：易　超
责任印制：张佳裕

国际贸易、偏向性技术进步与中国制造业 TFP 增长

李小克　著

经济科学出版社出版、发行　新华书店经销
社址：北京市海淀区阜成路甲 28 号　邮编：100142
总编部电话：010 - 88191217　发行部电话：010 - 88191522
网址：www. esp. com. cn
电子邮箱：esp@ esp. com. cn
天猫网店：经济科学出版社旗舰店
网址：http: //jjkxcbs. tmall. com
固安华明印业有限公司印装
710 × 1000　16 开　14 印张　230000 字
2022 年 10 月第 1 版　2022 年 10 月第 1 次印刷
ISBN 978 - 7 - 5218 - 3950 - 0　定价：86.00 元

前　言

改革开放以来，中国经济快速增长主要依赖劳动力、资本、资源等要素投入规模扩张驱动。新常态下，随着劳动、资本、能源等要素约束趋紧，加快推动经济增长的动力向要素效率增长驱动和创新驱动转变更加紧迫。开放条件下，通过出口学习效应和进口技术溢出效应，国际贸易驱使要素结构与配置效率变化，进而影响中国技术进步的要素偏向及其速度。因此，研究国际贸易对中国偏向性技术进步及偏向性技术进步情境下 TFP 的影响，对于中国加快创新驱动发展具有重要启示。

本书沿着阿西莫格鲁（Acemoglu，2002）提出的偏向性技术进步分析框架，借鉴国际贸易对技能偏向性技术进步影响的理论模型（Acemoglu，2003；Thoenig & Verdier，2003；Epifani & Gancia，2008；Gancia et al.，2011；Khalifa，2014；Acemoglu et al.，2015），将其改造和扩展为国际贸易对技术进步在资本与劳动之间偏向影响的分析模型，构建了两个国家、两个部门、两种要素（资本和劳动）的国际贸易均衡模型。在此基础上，本书以偏向性技术进步为切入点，以中国制造业行业为研究对象，集中考察两类主要问题：第一，中国制造业行业技术进步偏向哪种生产要素，技术进步的要素及其偏向速度发生了什么样的变化，偏向性技术进步情境下全要素生产率（total factor productivity，TFP）发生了何种变化？第二，不同流向的国际贸易对中国制造业行业偏向性技术进步产生了哪些影响，不同流向的国际贸易是否有利于中国制造业偏向性技术进步情境下 TFP 增长，其产生影响的机制和作用渠道有哪些？

（1）中国制造业行业偏向性技术进步和偏向性技术进步情境下 TFP 的演变趋势和特征。根据阿西莫格鲁（Acemoglu，2002）的偏向性技术进步定义，基于要素增强型 CES 生产函数考察偏向性技术进步，使用克勒姆等（Klump et al.，2007，2012）、勒昂 - 莱德斯马等（Le'on-Ledesma et al.，2010，2015）发展和完善的标准化系统供给面估计方法，对 1992～2020 年中国制造业 27 个行业的偏向性技术进步的演变特征进行研究发现：第一，烟草、服装服饰、文教体制造业、化学纤维等少数制造业行业的资本 - 劳动之间为替代关系。多数制造业行业的资本与劳动要素投入之间普遍呈现互补关系，这主要与市场经济体制确立以来资本使用者成本总体趋势性下降，劳动力工资持续上升有关。第二，中国制造业行业技术进步在市场化初期阶段普遍存在由劳动偏向转向资本的演变趋势，在工业化加速阶段技术进步演变为普遍的资本偏向趋势，在全球金融危机后，多数行业的技术进步由偏向资本演变为普遍偏向劳动。第三，大多数制造业行业的偏向性技术进步情境下 TFP 水平在市场化初期呈现出 N 形变化趋势，在工业化加速阶段普遍呈现持续增长趋势，全球金融危机后，随着供给侧结构性改革推进，由低迷增长进入较快增长区间。

（2）国际贸易对中国制造业行业偏向性技术进步的影响。内生增长理论和新贸易理论均认为国际贸易是技术溢出和生产率增长的重要来源，然而忽略了技术进步性质的研究。本书从进口渗透率、出口技术溢出和贸易开放三个层面实证考察了国际贸易对中国制造业行业偏向性技术进步的影响，主要发现有：第一，进口渗透率上升会显著抑制中国制造业行业技术进步偏向资本，或者说进口渗透率上升有利于中国制造业行业技术进步偏向劳动。这可能与中国制造业进口产品嵌入的技术进步具有发达国家的技术特征有关。进口渗透率对中国制造业行业偏向性技术进步具有的显著负向影响发生在全球金融危机前，全球金融危机后，进口渗透率的作用转为正值但不显著，这可能与中国制造业更加注重适宜的技术进步引进有关。第二，出口学习效应的增强和出口技术溢出效应的扩大可能更加有利于中国制造业技术进步偏向劳动而非偏向资本。出口技术溢出促进了中国制造业技术进步偏向资本，全球金融危机后，其影响不再显著。第三，贸易开放度扩大并不利于中国制造业行业技术进步偏向资本，或者说贸易规模的扩大促进了中国制造业行业技术进步偏向劳动。上述结论在考虑长面板数据可能存在组间异方差、组内自相关、组间同期相关的情形后，在考虑动态面板数据的内生性以及模型稳健性后仍然成立。

（3）本书进一步考察了不同流向的国际贸易是否以及通过何种渠道有利于中国制造业偏向性技术进步情境下 TFP 增长，主要发现有：第一，进口渗透率上升抑制了中国制造业行业偏向性技术进步情境下 TFP 增长，影响机制检验结果表明研发投入努力和人力资本上升强化了该种抑制效应，进一步研究表明进口渗透率扩大是通过要素增强型技术进步效应抑制了偏向性技术进步情境下 TFP 增长，其可能的原因是中国制造业大规模资本深化引起过高的资本边际生产率递减效应，进口渗透率对适宜性偏向性技术进步效应的促进作用不足以抵消它对要素增强型技术进步效应的抑制作用，最终导致进口渗透率扩大抑制了偏向性技术进步情境下 TFP 增长。第二，出口技术溢出能够显著提高偏向性技术进步情境下中国制造业行业 TFP 增长，其中，提高研发投入和人力资本投入是重要的影响机制。进一步研究发现，出口技术溢出对偏向性技术进步情境下中国制造业行业 TFP 的促进作用主要是通过适宜性偏向性技术进步效应实现的，由于出口技术溢出对适宜性技术进步效应的促进作用抵消了它对要素增强型技术进步效应的抑制作用，最终使得出口技术溢出效应扩大促进了偏向性技术进步情境下TFP 增长。第三，贸易开放度提升能够促进中国制造业行业偏向性技术进步情境下 TFP 增长，该促进作用是通过适宜性偏向性技术进步渠道实现的。要素增强型技术进步效应渠道反映了大规模投资驱动发展模式在维持制造业复苏和繁荣的同时，通过资本边际生产率递减效应抑制了贸易的生产率效应，一定程度上带来了经济效率的损失。上述结论在控制更多因素后，考虑长面板模型的特征和可能存在内生性问题后仍然成立。

根据上述研究结论，在开放型经济新体制与全面工业化背景下，贸易政策和行业发展政策的细化落实应瞄准有利于促进 TFP 增长的偏向性技术进步，积极发挥国际贸易扩大带来的适宜性偏向性技术进步效应，合理引导国际贸易扩大带来的要素增强型技术进步效应，并注重研发资本、人力资本投入与技术进步偏向的适宜性。

在本书写作和修改过程中，感谢湖北经济学院会计学院郑珊珊老师为本书的数据整理、指标校对、回归结果查验、书稿校对等所做的工作！

目　录

第一节　研究背景与意义

一、研究背景

改革开放 40 多年来，中国经济以年均增速 9% 左右进入高增长周期，被誉为"中国增长奇迹"。从供给角度看，中国经济增长主要依靠劳动力、资本、自然资源等要素投入规模扩张驱动。进入新常态以来，中国经济深刻面临增长阶段和增长动力的新旧转换，在经济发展的高质量阶段，经济增长必将更加依赖要素效率增长驱动和创新驱动。然而，中国创新能力不强，科技对经济社会发展的支撑能力不足，无疑是横贯在中国创新驱动发展道路上的"阿喀琉斯之踵"。与此同时，提高全要素生产率（total factor productivity，TFP）增长日益受到顶层政策制定者的关注。继 2015 年国务院政府工作报告首次明确提出要重视提高 TFP 后，2016 年中央财经领导小组第十二次会议再次强调，着力提高供给体系质量和效率，提高 TFP。2017 年党的十九大报告提出，以供给侧结构性改革为主线，推动经济发展质量变革、效率变革、动力变革，提高全要素生产率。[①] 这清楚地表明新常态下提高 TFP 更加紧迫。技术进步是 TFP 增长的重要来源（Mizobuchi，2015；Feder，2017a）。引领中国经济发展新常态，关键是要加快技术进步，将科技创新转换为发展动力，实现 TFP 的提升。

随着出口导向型经济发展模式的深入推进，中国对外贸易快速增长，货物进出口总额从 1978 年的 206.38 亿美元增长到 2021 年的 60514.89 亿美元，年均增长 14.12%，逐渐成长为全球重要的贸易大国。尤其是社会主义市场经济确立以来，中国对外贸易发展进入新的历史阶段，2009 年中国跃居全球第一大贸易出口国，2009～2017 年稳居世界货物贸易第一大出口国和第二大进口国，2013 年首次超越美国，成为世界第一大货物贸易国。[②] 中国进出口产品结构不断优化，机电产品、传统劳动密集型产品成长为中国出口贸易增长的主要动力，与此同时，出口结构转型升级持续加快，出口主导产业由轻工、纺织等传统产业逐步迈向装备制造业、高新技术业等资本、技术密集型产业；中国进口结构也趋向高端，部分先进技术、重要设备和关键零部件、优质消费品进口不断扩大。党的十九大报告提出要"拓展对外贸易，培育贸易新业态新模式，推进贸易强国建设"，深化外贸领域供给侧结构性改革，加快培育外贸竞争新优势，提高外贸的质量和效益。

长期以来，技术进步中性假设在经济学中占据重要地位。内生增长理论和新贸易理论认为国际贸易是技术进步的重要来源，诸多文献也对这一命题进行大量论证（Frankel & Romer，1999；李小平和朱钟棣，2006；李小平等，2008；Banerjee & Roy，2014），然而，这些研究均未考虑偏向性技术进步。以阿西莫格鲁（Acemoglu，1998，1999，2002，2003）为代表的学者在内生技术进步模型的微观基础上，对技术进步偏向展开了一系列研究，逐步建立起偏向性技术进步理论。随着偏向性技术进步理论研究的

---

① 习近平. 决胜全面建成小康社会　夺取新时代中国特色社会主义伟大胜利 [N]. 人民日报，2017 - 10 - 28 (1).

② 2009 年中国成为全球第一大贸易出口国，2013 年首次超越美国，跃居世界第一大货物贸易国。据 WTO 数据显示，2016 年中国货物进出口贸易额被美国以微弱优势反超。

复兴，对技术进步性质的研究重心由中性技术进步转向偏向性技术进步，技术进步以不同方式影响要素的边际生产率，这无疑更加接近经济现实。此后，偏向性技术进步大量运用于解释技能溢价、收入差距等诸多现象。一些文献还尝试将国际贸易与偏向性技术进步联系起来（Harrison，2002；Acemoglu，2003；Thoenig & Verdier，2003；Epifani & Gancia，2008；Decreuseand & Maarek，2008；Gancia et al.，2011；Khalifa，2014；Acemoglu et al.，2015），研究了国际贸易对偏向性技术进步的影响，推动了以异质性贸易模型改造传统贸易模型的新浪潮。最近的一些文献（尹今格和雷钦礼，2016；罗知等，2018；李小平和牛晓迪，2019；杨翔等，2019；杨博和王林辉，2022）开始关注国际贸易、全球价值链对偏向性技术进步的影响。

中国贸易发展规模持续扩大和质量不断提升，必然会影响中国技术进步的要素偏向。"引进来"和"走出去"的双引擎驱动发展模式不仅可能使中国技术进步偏向受到其他国家产品和技术供给的影响，还使国内技术进步偏向在外部需求的驱动下发生变化。国内研究对全国层面（戴天仕和徐现祥，2010；陆雪琴和章上峰，2013；董直庆和陈锐，2014；王林辉等，2014；董直庆等，2016；雷钦礼和李粤麟，2020，李小克和李小平，2022）、地区层面（陈晓玲和连玉君，2013，邓明，2014；张意翔等，2017；王晶晶等，2021）和行业层面（孔宪丽等，2015；陈晓玲等，2015；郝枫，2017；杨翔等，2019；左晖和艾丹祥，2021）的技术进步偏向进行了考察，这些研究均发现技术进步在中国表现出明显的偏向。随着中国对外贸易的迅速发展，国际贸易是否会改变中国技术进步的要素偏向，国际贸易促进了还是抑制了中国的偏向性技术进步呢？进一步地，国际贸易影响的偏向性技术进步是否有利于促进 TFP 提升呢？或者说国际贸易对偏向性技术进步情境下 TFP 增长产生了什么样的影响，其背后的影响机制有哪些？这些是本书尝试回答的问题。

二、选题的理论及现实意义

国际贸易与偏向性技术进步之间的关系是偏向性技术进步理论与新贸易理论的重要结合。在已有文献基础上，基于资本与劳动两类最基本的要素组合，本书构建了国际贸易对技术进步偏向影响的理论分析模型，以中国制造业行业为研究对象，集中考察不同贸易流的国际贸易对技术进步偏向的影响，在此基础上进一步考察不同贸易流的国际贸易对偏向性技术进步情境下 TFP 变化的影响及其作用机制。

（一）理论意义

20 世纪 90 年代以来，随着偏向性技术进步理论的复兴，偏向性技术进步受到学术界的极大关注。阿西莫格鲁（Acemoglu，2002）发展起来的偏向性技术进步理论对于宏观经济学、发展经济学、劳动经济学、环境经济学和国际贸易中的许多问题具有很强解释力。目前，学术界主要围绕偏向性技术进步的技能溢价效应、要素份额效应、收入差距效应、环境效应进行了广泛而深入的研究，利用不同的测算方法、不同的样本和时间区间以及不同的估计方法得到了诸多富有启发性的结论。值得一提的是，随着偏向性技术进步受到越来越多的关注，有关偏向性技术进步的识别方法取得了重要进展，基于 DEA 法（Färe et al.，1997；Briec & Peypoch，2007；Yu & Hsu，2012；杨翔等，2019）、超越对数函数法（Marianne，2014；王班班和齐绍洲，2014；Shao et al.，2016）、可变要素份额法（Antonelli & Quatraro，2010，2014；Antonelli，2016；Feder，2019；Antonelli & Feder，2019）识别偏向性技术进步。其中，克勒姆等（Klump et al.，2007）发展的标准化供给面系统法极大地推动了要素增强型 CES 生产函数的估计，有效识别了要素替代弹性和偏向性技术进步，逐渐成为量化偏向性技术进步的重要方法（Klump et al.，2012；Le'on-Ledesma et al.，2010，2015）。

相比对偏向性技术进步产生的后果考察，目前鲜有文献对偏向性技术进步的影响因素进行研究（Acemoglu，2002；张莉等，2012；邓明，2014；杨振兵，2015，2016a），正如阿西莫格鲁（Acemoglu，2002）明确指出的那样，寻找和认识偏向性技术进步的来源可能更为重要。国际贸易对技术进步的影响是内生增长理论和新贸易理论融合的一个重要内容。长期以来，技术进步中性的假设在经济学和贸易理论中占据主导地位。然而，希克斯中性技术进步假设各生产要素的边际产出同比例变化的条件过于苛刻，与现实相去甚远。在希克斯中性技术进步假设前提下，排斥了偏向性技术进步，从而忽视了国际贸易对偏向性技术进步的影响。以阿西莫格鲁（Acemoglu，1998，2002，2003）为代表的学者提出的偏向性技术进步理论不仅阐明了技术进步是否偏向特定生产要素的原因和机制，而且从理论上说明贸易为什么导致发达国家的技术进步偏向技能劳动，而发展中国家的技术进步偏向非技能劳动，实现了国际贸易对偏向性技术进步影响研究的一次重要飞跃。

尽管一些文献将国际贸易与偏向性技术进步联系起来（Harrison，2002；Acemoglu，2003；Thoenig & Verdier，2003；Epifani & Gancia，2008；Decreuseand & Maarek，2008；Gancia et al.，2011；Acemoglu et al.，2015），然而，这些研究通常借助于国际贸易对技能偏向性技术进步的影响来解释西方发达国家20世纪70年代以来的技能溢价现象、要素份额变化、跨国收入差距等，很少有研究专门分析国际贸易对技术进步偏向的影响。

鉴于此，本书沿着偏向性技术进步理论框架，在经典的资本与劳动要素组合下，构建了国际贸易对偏向性技术进步影响的理论框架。遵循阿西莫格鲁（Acemoglu，2002）关于偏向性技术进步的经典定义，采用克勒姆等（Klump et al.，2007，2012）、勒昂－莱德斯马等（Le'on-Ledesma et al.，2010，2015）的标准化供给面系统，着重研究了国际贸易对中国制造业行业技术进步偏向的影响。本书不仅考察了进口贸易、出口贸易和进出口贸易对中国制造业行业偏向性技术进步的影响，丰富了贸易与偏向性技术进步之间的理论联系与经验分析。在此基础上，还进一步分析了考察不同流向的国际贸易能否促进中国制造业偏向性技术进步情境下TFP增长，以及不同流向的贸易引致的生产率效应差异的原因，对现有国际贸易对偏向性技术进步的影响文献进行了有益补充。

（二）现实意义

改革开放以来，中国经济实现快速增长主要依赖劳动力、资本、资源等要素投入规模扩张驱动。随着劳动、资本、能源等要素约束趋紧，中共中央、国务院进一步强调深化供给侧结构性改革，提高供给体系的质量与效率，其核心是加快技术进步以促进 TFP 提升。然而，技术进步并非使得每种要素的效率同比例增长，技术进步的要素偏向关系到生产过程中不同生产要素使用效率的差异，并反映出技术进步有利于相对丰裕要素的使用还是相对稀缺要素的使用。偏向性技术进步体现技术进步的要素偏向属性，对于发挥资源禀赋优势，加快要素效率增长驱动和创新驱动，从而实现经济结构转型升级具有重要作用。

党的十九大报告提出构建对外开放新体制、发展更高层次的开放型经济，这对于加快中国工业化进程有着重要的影响。在开放条件下，积极参与国际贸易，提高中国制造竞争力和提升中国制造质量，必然要求中国的要素结构优化与配置效率提升。国际贸易驱使要素效率变化，势必影响到中国制造业技术进步偏向和速度。因此，研究国际贸易对中国制造业偏向性技术进步影响及其作用机制，对于中国加快创新驱动发展具有有益启示。

第二节　研究思路与内容

一、研究思路

在已有文献的基础上，借鉴偏向性技术进步理论和新贸易理论的研究思路，以偏向性技术进步为切入点，在资本与劳动两种最基本的要素组合下，研究国际贸易对偏向性技术进步及偏向性技术进步情境下 TFP 的影响。

首先，本书沿着阿西莫格鲁（Acemoglu，2002）提出的偏向性技术进步理论分析框架，借鉴国际贸易对技能偏向性技术进步影响的理论模型（Acemoglu，2003；Thoenig & Verdier，2003；Epifani & Gancia，2008；Gancia et al.，2011；Acemoglu et al.，2015），将其改造和扩展为国际贸易对技术进步在资本与劳动之间偏向影响的理论模型，构建了两个国家（发达国家和发展中国家）、两个部门（资本密集部门和劳动密集部门）、两种要素（资本和劳动）的国际贸易均衡模型，探讨国际贸易对偏向性技术进步的影响。

其次，使用阿西莫格鲁（Acemoglu，2002）关于偏向性技术进步的定义，基于要素增强型 CES 生产函数，推导出衡量偏向性技术进步的指数，并利用标准化系统供给面法识别未知参数，对技术进步的要素偏向及其偏向程度进行了识别和分析，从进出口贸易角度实证检验了国际贸易对偏向性技术进步的影响。考虑到偏向性技术进步并非意味着 TFP 的增长，而且偏向性技术进步也并非是国际贸易的最终目的。本书对偏向性技术进步情境下 TFP 演变进行了分析，在此基础上，借助安东内利（Antonelli，2016）提出的技术一致性理论（technological congruence），进一步研究了国际贸易对偏向性技术进步情境下 TFP 增长的影响及其作用机制，以更好地识别国际贸易引起的技术进步偏向之利弊得失，从而扩展了国际贸易与偏向性技术进步之间的联系。

最后，根据中国制造业行业层面数据的实证研究结论，对中国制造业行业偏向性技术进步的演变特征、对中国制造业行业偏向性技术进步情境下 TFP 的演变特征、国际贸易对中国制造业行业偏向性技术进步影响的实证研究影响、国际贸易对中国制造业行业偏向性技术进步情境下 TFP 影响的实证研究结论进行总结，据此提出在构建开放型经济新体制与全面工业化背景下，为促进有利于 TFP 提高的偏向性技术进步，可能采取的贸易政策和行业发展政策。

二、研究内容简介

第一章导论。简要阐述本书研究的背景与意义、思路、内容与创新点。

第二章文献综述。本章梳理偏向性技术进步与国际贸易相关的文献，对现有研究内容、研究思路、研究方法进行总结和综合评述。第一，偏向性技术进步的研究。从技术进步的性质出发，梳理偏向性技术进步理论的产生及其发展演进，对偏向性技术进步的决定及其影响因素进行归纳，对偏向性技术进步的测算方法进行梳理。第二，从偏向性技术进步理论出发，对国际贸易影响偏向性技术进步的相关理论研究和实证研究进行梳理和提炼，从而提出本书的研究主题和可能的创新点。

第三章国际贸易影响偏向性技术进步的理论机制。本章在资本与劳动要素组合下，沿着阿西莫格鲁（Acemoglu，2002）提出的偏向性技术进步理论框架，借鉴国际贸易对技能偏向性技术进步影响的理论模型（Acemoglu，2003；Thoenig & Verdier，2003；Epifani & Gancia，2008；Gancia et al.，2011；Khalifa，2014；Acemoglu et al.，2015），将其改造和扩展为国际贸易对技术进步在资本与劳动之间偏向影响的理论模型，构建了两个国家（发达国家和发展中国家）、两个部门（资本密集部门和劳动密集部门）、两种要素（资本和劳动）的国际贸易均衡模型，探讨国际贸易对技术进步在资本与劳动之间偏向的影响。

第四章中国制造业偏向性技术进步与演变分析 TFP 分析。本章遵循阿西莫格鲁（Acemoglu，2002）关于偏向性技术进步的经典定义，在资本与劳动两种最基本的要素组合下，基于要素增强型 CES 生产函数框架，分析了中国制造业行业技术进步的要素偏向和偏向速度演变及其特征，以及中国制造业行业偏向性技术进步情境下 TFP 演变及其特征。

第五章国际贸易对中国制造业偏向性技术进步影响的实证研究。本章在理论模型分析和中国制造业行业偏向性技术进步特征分析的基础上，按照贸易流向，从出口贸易和进口贸易两个方向，实证研究了进口渗透率、出口技术溢出和贸易开放对中国制造业行业偏向性技术进步的影响，进一步检验了国际贸易对中国制造业行业偏向性技术进步影响的异质性。

第六章国际贸易对中国制造业偏向性技术进步情境下 TFP 影响的实证研究。本章从进口渗透率、出口技术溢出和贸易开放三个层面，研究国际贸易对中国制造业行业偏向性技术进步情境下 TFP 的影响及其影响机制、作用驱动。

第七章主要结论与政策启示。根据本书的主要结论，提出在构建开放型经济新体制与全面工业化背景下，为促进有利于 TFP 提高的偏向性技术进步，可以采取的贸易政策和行业发展政策。

第三节　可能的创新点

内生增长理论和新贸易理论均认为国际贸易是技术溢出和生产率增长的重要来源，但忽略了技术进步性质的研究。作为生产率增长的重要来源，技术进步源自中性技术进步还是偏向性技术进步是理解生产率改善的重要问题（Yu & Hsu，2012）。然而，现有文献更多地关注中性技术进步对 TFP 的影响，严重忽略了偏向性技术进步情境下 TFP 的变化及其来源，从而无法全面识别技术进步在 TFP 变化中的作用。安东内利（Antonelli，2016）提出的技术一致性理论表明，技术进步偏向要素的丰裕稀缺性对 TFP 产生的影响存在差异。在现有文献研究基础上，本书以偏向性技术进步为切入点，在资本与劳动两种最基本的要素组合下，构建了国际贸易对偏向性技术进步影响的理论分析框架，以 1992~2020 年中国制造业 27 个行业为研究对象，实证研究了不同贸易流向的国际贸易对中国制造业行业偏向性技术进步、中国制造业行业偏向性技术进步情境下 TFP 的影响及其作用机制，本书的创新点主要包含以下三个方面。

第一，构建了资本与劳动要素组合下，国际贸易影响偏向性技术进步的理论分析模型。新古典贸易理论和新新贸易理论在讨论国际贸易与技术进步的关系时并未将偏向性技术进步纳入。偏向性技术进步理论为国际贸易与技术进步关系的研究提供了新的研究视角和分析工具，推动了以异质性贸易模型改造传统贸易模型的新浪潮。本书沿着阿西莫格鲁（Acemoglu，2002）提出的偏向性技术进步理论框架，借鉴国际贸易对技能偏向性技术进步影响的理论模型（Acemoglu，2003；Thoenig & Verdier，2003；Epifani & Gancia，2008；Gancia et al.，2011；Acemoglu et al.，2015），将其改造和扩展为国际贸易对技术进步在资本与劳动之间偏向影响的理论模型，构建了资本与劳动要素组合下国际贸易影响偏向性技术进步的理论分析框架。

第二，集中考察了不同流向的国际贸易对中国制造业行业技术进步偏向的影响。国际贸易与偏向性技术进步的研究主要用来解释发达国家技能溢价和异质性劳动收入差距的原因，很少有文献从中析出来专门研究国际贸易对偏向性技术进步的影响。现有贸易与偏向性技术进步的文献主要集中于国际贸易对技能偏向性技术进步理论研究，实证研究很少区分贸易流向或者仅考虑单一的贸易流向。然而，对于发展中国家来说，技能偏向性技术进步本质上是体现在机器设备中的资本偏向性技术进步（张莉等，2012）。本书在资本与劳动要素组合下，基于经典的要素增强型 CES 生产函数框架识别偏向性技术进步，从进出口贸易两个方向，从进口渗透率、出口技术溢出和贸易开放度三个层面系统考察了国际贸易对中国制造业行业偏向性技术进步的影响，以研判不同流向的国际贸易有利于何种类型的技术进步，为因地制宜落实创新驱动发展战略提供启示。

第三，系统考察了不同流向的国际贸易对中国制造业行业偏向性技术进步情境下 TFP 变化的影响及其影响机制。国际贸易对偏向性技术进步的影响，最终应落脚在是否有利于提高中国制造业行业 TFP 增长这个问题上。本书从进口贸易、出口贸易和进出口贸易层面考察了进口渗透率、出口技术溢出和贸易开放对中国制造业行业偏向性技术进步情境下 TFP 的影响，基于基准回归、内生性检验、机制检验、样本异质性检验实证研究了国际贸易对中国制造业行业偏向性技术进步情境下 TFP 的影响。这些分析一定程度上能够判断国际贸易影响的偏向性技术进步是否有助于以及通过哪些机制、哪些渠道提升中国制造业行业 TFP 增长，从偏向性技术进步角度进一步深化了国际贸易与技术进步之间的深层次联系。针对现有文献中偏向性技术进步与要素投入结构和要素效率水平之间的关系呈现碎片化，并未对偏向性技术进步的适宜性进行考虑，本书首次聚焦偏向性技术进步与有效要素投入结构之间的适宜性，在适宜性偏向性技术进步效应和要素增强型技术进步效应层面深化偏向性技术进步与偏向性技术进步情境下 TFP 之间的深层次逻辑关系，进而研究发现不同流向的国际贸易通过促进适宜性偏向性技术进步效应，抑制要素增强型技术进步效应，最终对偏向性技术进步情境下 TFP 的影响。

第二章

文献综述

　　偏向性技术进步的研究最早可追溯至 20 世纪 30 年代希克斯（Hicks，1932）关于技术进步类型的划分。然而，早期偏向性技术进步研究因缺乏微观基础，长期受到学术界的冷落。20 世纪 90 年代以来，随着内生技术进步理论的发展（Romer，1990；Grossman & Helpman，1991），极大地推动了技术进步决定的相关研究，然而，这些研究并未考虑偏向性技术进步。以阿西莫格鲁（Acemoglu，1998，1999，2002，2003，2007）为代表的学者在内生技术进步模型的微观基础上，对技术进步的方向和偏向展开了一系列研究，逐步建立起完善的偏向性技术进步（directed technical change）理论。[①] 偏向性技术进步理论阐明了技术进步是否偏向特定生产要素的原因和机制，对于经济学中的许多问题具有深刻解释力，特别是为国际贸易领域的技术进步等诸多问题提供了新的研究视角和新的分析工具，推动了以异质性贸易模型改造传统贸易模型的新浪潮。

　　本章以偏向性技术进步为切入点，在偏向性技术进步相关文献基础上，提出在资本与劳动要素组合下研究国际贸易对偏向性技术进步的影响。因此，本章的文献梳理和评述包含四个方面：一是偏向性技术进步及其识别

---

　　① 阿西莫格鲁（Acemoglu，2002）使用了技术进步的方向和偏向（direction and bias of technical change）的表述，directed technical change 与 biased technical change 两者经常互换。

结果，二是偏向性技术进步指数测算方法的研究，三是偏向性技术进步的决定及其影响因素研究，四是国际贸易对偏向性技术进步的影响研究。最后，本章还探讨了偏向性技术进步与全要素生产率的关系。

第一节 偏向性技术进步及其识别结果

一、偏向性技术进步的提出与发展

希克斯（Hicks，1932）最早对偏向性技术进步进行了研究，他在《工资理论》中写道：要素相对价格变化是对创新的刺激，存在偏向于节省使用相对昂贵要素的一类特殊创新。这一观点被概括为诱导性创新，被索尔特（Salter，1966）等人所接受。哈巴谷（Habakkuk，1962）进一步指出通过提高工资，劳动稀缺性导致企业研发节省劳动的创新，并且刺激技术进步。该文献同样也被批评缺乏微观基础。肯尼迪（Kennedy，1964）认为在规模报酬递增的情况下，企业除选择要素数量外，还能够选择技术质量；诺德豪斯（Nordhaus，1973）认为谁承担研发活动以及如何进行定价并不清楚。这些不足降低了偏向性技术进步的研究兴趣，相关的研究由此也陷入低潮。

值得一提的是，这一时期对技术进步性质的探讨取得了重要进展。根据希克斯（Hicks，1932）的定义，在资本与劳动要素组合下，技术进步可划分为偏向性技术进步和中性技术进步。给定资本－劳动投入比，技术进步发生后，若资本边际产出与劳动边际产出之比提高（降低），则技术进步为资本（劳动）偏向性技术进步；若资本边际产出与劳动边际产出之比同比例变化（即相对不变），则技术进步为希克斯中性技术进步。在希克斯（Hicks，1932）定义的基础上，戴蒙德（Diamond，1965）提出了技术进步偏向指数的概念，在资本与劳动的要素组合下，它是指技术进步引起的资本边际产出增长率与劳动边际产出增长率之差。事实上，戴蒙德（Diamond，1965）的概念与希克斯（Hicks，1932）的定义在本质上是等价的，其数学形式可以相互推导。[①]

对于生产函数 $Y = F(K, L, t)$，其中，Y、K、L 和 t 分别产出、资本投入、劳动投入和技术。则希克斯偏向性技术进步指数可以表示为：

$$Bias_{Hicks} = \frac{\partial \left[(\partial Y/\partial K)/(\partial Y/\partial L) \right]/\partial t}{(\partial Y/\partial K)/(\partial Y/\partial L)} \tag{2-1}$$

则戴蒙德偏向性技术进步指数可以表示为：

$$Bias_{Diamond} = \frac{\partial (\partial Y/\partial K)/\partial t}{\partial Y/\partial K} - \frac{\partial (\partial Y/\partial L)/\partial t}{\partial Y/\partial L} \tag{2-2}$$

式（2-1）和式（2-2）中，资本-劳动比不变意味着 $\dot{K}_t/K_t - \dot{L}_t/L_t = 0$ 成立，显然两式相等。

长期以来，技术进步中性的假设自然而然地取代技术进步偏向的假设在经济学中占据统治地位。柯布-道格拉斯-卡尔多范式（Cobb-Douglas-Kaldor paradigm）认为在技术进步中性假设下，要素份额固定不变。然而，要素份额的时间稳定性和空间同质性并不为经验研究所支持，这意味中性技术进步的假设受到极大挑战。与此同时，新古典经济学有关技术进步外生的假设也受到越来越多的批判。20 世纪 90 年代以来，内生技术进步理论取得了长足进步（Romer，1990；Grossman & Helpman，1991；Aghion & Howitt，1992），但他们使用的希克斯中性技术进步假设与现实不符（Li et al.，2016）。阿西莫格鲁（Acemoglu，2002）在内生技术进步模型的微观基础上，系统化阿西莫格鲁（Acemoglu，1998）、凯利（Kiley，1999）、加勒和莫阿夫（Galor & Maov，2000）、阿西莫格鲁和齐利波蒂（Acemoglu & Zilibotti，2001）等人的观点，构建了偏向性技术进步理论，随后，围绕技术进步偏向展开了一系列研究，进一步丰富了偏向性技术进步理论。

阿西莫格鲁（Acemoglu，2002）将希克斯（Hicks，1932）的资本-劳动两要素扩展到任意两种要素，并对技术进步形态进行了重要区分。一是

[①] 两者推导的偏向性技术进步指数在数学形式上可以等价，然而，似乎并未有文献正式说明这一点。

基于要素效率变化定义的要素增强型（factor-augmenting）技术进步，它改变的是要素的边际产出；二是基于要素相对边际产出变化识别的要素偏向性（factor-biased）技术进步，它改变的是一种要素相对于另一种要素的边际产出变化。[①] 对于生产函数 $Y = F(L, Z, A)$，其中，L 为劳动投入，Z 是资本、技能劳动或者土地等任何一种生产要素，A 代表技术指数。若生产函数具有的 $Y = F(AL, Z)$ 的形式，则技术进步是 L 增强型的；若生产函数具有 $Y = F(L, AZ)$ 形式，则技术进步是 Z 增强型的。若满足以下条件：

$$\partial \left(\frac{\partial F/\partial L}{\partial F/\partial Z} \right) \bigg/ \partial A > 0 \qquad\qquad (2-3)$$

$$\partial \left(\frac{\partial F/\partial L}{\partial F/\partial Z} \right) \bigg/ \partial A < 0 \qquad\qquad (2-4)$$

若满足式（2-3），技术进步偏向 L，或称 L 偏向性技术进步，它表明技术进步使要素 L 的边际产出比要素 Z 的边际产出增加得多；若满足式（2-4），技术进步偏向 Z，或者称 Z 偏向性技术进步，它表示技术进步使要素 L 的边际产出比要素 Z 的边际产出增加得少。

引入要素替代弹性，能够清楚展示要素增强型技术进步与要素偏向性技术进步之间的关系。当要素替代弹性小于 1，即要素 L 和要素 Z 在生产中为互补关系，若技术进步是 L 增强型技术进步，则它还属于 Z 偏向性技术进步；与之相对应，若技术进步为 Z 增强型技术进步，则它还属于为 L 偏向性技术进步。当要素替代弹性大于 1，即要素 L 和要素 Z 在生产中为替代关系，若技术进步是 L 增强型技术进步，则它还属于 L 偏向性技术进步；若技术进步为 Z 增强型技术进步，则它还属于为 Z 偏向性技术进步。

随着偏向性技术进步理论研究的复兴，对技术进步性质的研究由中性

---

① 阿西莫格鲁（Acemoglu，2002）的偏向性技术进步理论是以 directed technical change 术语命名，不过他在定义偏向性技术进步时，使用的是 factor-biased technical change 一词。本书的研究也遵照了这一做法。需要说明的是，不同学者对偏向性技术进步使用不同的术语，一般而言，如无特殊说明，本领域的大量文献通常使用偏向性技术进步来指代要素偏向性技术进步。

技术进步转移到偏向性技术进步，技术进步以不同方式影响要素边际生产率，这无疑更加接近经济现实。偏向性技术进步理论阐明了技术进步是否偏向特定生产要素的原因和机制，对于宏观经济学、劳动经济学、发展经济学、环境经济学和国际贸易中的诸多问题具有很强解释力。① 特别是为国际贸易领域的收入差距、工资差距和技术进步问题提供了新的研究视角和新的分析工具，推动了以异质性贸易模型改造传统贸易模型的新浪潮。

本书的偏向性技术进步遵循偏向性技术进步的经典定义，它是从要素边际产出变化的角度对技术进步性质的识别和技术进步类型的划分。因此，它实质上是投入型偏向性技术进步，而非产出型偏向性技术进步，也就是说当存在多产出时，偏向性技术进步仍需要从要素投入的角度界定。与现有研究的普遍做法一致，偏向性技术进步是要素偏向性技术进步的简称。偏向性技术进步不仅是技术进步的一种类型，更重要的是它还体现技术进步的性质，作为与中性技术进步相对应的概念，本书倾向于使用"偏向性技术进步"的术语，替代以往研究中的"偏向型技术进步"用语。此外，考虑到语法逻辑的需要，在强调某要素偏向性技术进步时，也使用了技术进步的某要素偏向或者技术进步偏向某要素的表述。

二、偏向性技术进步的主要发现

偏向性技术进步的基本含义是指技术进步使一种生产要素的边际产出比另一种生产要素的边际产出增加得更多。显然，它是一个相对概念，因此，只能在不同的要素组合中才有意义。根据不同的要素组合，目前有关

---

① 阿西莫格鲁（Acemoglu，2002）总结了偏向性技术进步对以下问题的解释：第一，欧美国家在 18 世纪晚期到 20 世纪末期，为什么先后呈现出劳动偏向性技术进步和技能偏向性技术进步；第二，偏向性技术进步为什么会扩大富国与穷国之间的收入差距；第三，国际贸易为什么可能导致技能偏向性技术进步；第四，哈巴谷假说（Habakkuk hypothesis）是否成立；第五，技术进步为什么通常趋向劳动增强型而非资本增强型；第六，20 世纪 70 年代期间欧洲大规模的工资推动可能导致资本偏向性技术进步，从而影响要素收入分配。

偏向性技术进步的实证文献有三类主要发现。

（一）在资本与劳动要素组合中，技术进步多偏向资本

大量文献利用欧洲、美国、加拿大、日本等西方国家或发达国家层面资本和劳动要素数据发现技术进步通常偏向资本。早期识别技术进步方向的代表性人物戴维和克伦特（David & Klundert，1965）利用美国 1899～1960 年国家层面的数据，基于 CES 生产函数，通过估算美国的资本－劳动替代弹性、资本增强型技术进步率和劳动增强型技术进步率，发现技术进步更有利于提高资本的边际产出，也就是说技术进步偏向于资本。此后，众多的研究也得到了相似结论（Wilkinson，1968；Sato，1970；Panik，1976）。克勒姆等（Klump et al.，2007）提出了标准化供给面系统法估计 CES 生产函数，极大地推动了偏向性技术进步的识别研究。克勒姆等（Klump et al.，2007）利用欧元区 1970～2005 年的数据同样得到技术偏向资本的结论。佐藤龙子和田木森田（Sato & Morita，2009）运用美国和日本 1960～2004 年的数据，发现两国的技术进步均偏向资本。郑猛（2016）利用 1980～2011 年全球 71 个国家和地区的数据，基于标准化供给面系统法研究发现，发达国家或地区的资本－劳动表现为互补关系，技术进步倾向于资本。事实上，发达国家整体层面的技术进步偏向于劳动很少得到经验研究的支持，仅少数文献得到了这一结论。美国的资本－劳动替代弹性大于 1，技术进步表现为劳动增强型技术进步，因此，美国的技术进步为劳动偏向性技术进步。

尽管有一些文献并未明确给出技术进步偏向的结论，但根据替代弹性与要素增强型技术进步的关系，依然可以判断是否存在资本偏向性技术进步。陈曦（Chen，2012）对美国 1958～2005 年制造业行业数据进行研究发现，美国制造业的要素替代弹性小于 1，技术进步偏向主要是劳动增强型的。李江和斯图尔特（Li & Stewart，2014）采用标准化供给面系统法对 1961～2010 年加拿大的替代弹性进行估算发现，在短期和长期中，加拿大的资本－劳动替代弹性均小于 1 并均不显著，技术进步表现为劳动增强型。

显然，这些文献暗示技术进步是资本偏向的。

此外，也有少数文献利用行业和企业层面的数据发现，发达国家也存在劳动偏向性技术进步。卡拉菲尔和耶迪尔－塔萨马尼（Karanfil & Yeddir-Tamsamani，2010）利用超越成本函数和状态空间建模技术研究了法国1978～2006年要素偏向性技术进步，研究表明很多行业存在资本节约的技术进步，即劳动偏向性技术进步。多拉泽尔斯基和加德鲁（Doraszelski & Jaumandreu，2018）利用西班牙1990～2006年10个制造业2375家企业数据，基于标准化 CES 生产函数的研究表明技术进步偏向劳动。部分发展中国家的技术进步也偏向于资本，张莉等（2012）利用1970～2007年跨国层面的面板数据研究支持该观点。袁礼和欧阳峣（2018）发现中国能够合理研判要素增量结构和制度环境变迁，选择资本偏向型技术进步。

标准化供给面系统法产生以后，极大地推动了中国偏向性技术进步的识别研究。目前，现有文献普遍在资本－劳动两要素组合下，在全国层面、省级层面和行业层面采用不同的测算方法展开技术进步偏向研究。大多数研究表明中国的资本－劳动替代弹性小于1，且资本增强型技术进步率（即资本效率增长率）低于劳动增强型技术进步率（即劳动效率增长率），因此，中国的技术进步为资本偏向性技术进步。

第一，全国层面的研究表明中国整体上的技术进步偏向资本。戴天仕和徐现祥（2010）的研究是国内最早识别技术进步方向的代表性文献之一，该研究利用中国1978～2005年时间序列数据，采用标准化供给面系统法的估计结果表明技术进步总体上偏向资本，且偏向资本的速度越来越快。雷钦礼（2013）利用中国1991～2011年时间序列数据的研究，基于 CES 生产函数的研究发现中国技术进步偏向资本。资本－劳动替代弹性小于1，且劳动生产效率逐年增长，资本效率趋于下降，因此，该研究暗示技术进步偏向资本的速度越来越慢。陆雪琴和章上峰（2013）利用中国1978～2011年的时间序列数据，基于标准化 CES 生产函数，使用 Kmenta 近似法的研究发现中国技术进步方向总体上偏向资本。与雷钦礼（2013）的研究特征类似，陆雪琴和章上峰（2013）也暗示中国技术进步偏向资本的速度越来越慢。董直庆等（2016）的研究也支持了中国技术进步偏向资本的基本观点。王晶晶等（2021）的研究表明中国技术进步总体上呈现资本偏向，但偏向程度增速由快转慢，部分地区已出现劳动偏向。

第二，省级层面的研究表明多数省份的技术进步偏向资本。陈晓玲和连玉君（2013）利用中国 1978～2008 年各省份的数据，基于标准化供给面系统法的研究表明，绝大多数省份的技术进步是资本偏向的。邓明（2014）采用相同的方法，研究发现 1990～2010 年技术进步偏向资本的省份数量比技术进步偏向劳动的省份数量多，省际层面上的技术进步大致偏向资本。董直庆和陈锐（2014）的研究还发现我国整体和东中西部地区技术进步偏向于资本程度逐年减弱。丁从明等（2016）的研究表明 1993～2012 年中国技术进步方向表现出资本偏向特征，2000 年之后更加明显。张意翔等（2017）研究发现除山西、新疆和内蒙古外，其他地区技术进步总体上偏向资本，偏向程度自东向西逐渐增大。

第三，行业层面的研究也支持中国技术进步偏向资本的结论。姚毓春等（2014）利用中国 1985～2011 年工业行业层面的数据，采用标准化供给面方程系统的研究发现，1985～1996 年工业和制造业部门的技术进步偏向劳动，1997～2011 年技术进步偏向资本。因此，中国工业部门技术进步由偏向劳动向偏向资本转变。钟世川（2014）基于标准化供给面系统，利用 Kmenta 近似法估算 1979～2011 年中国工业分行业的资本－劳动替代弹性，结果表明大多数行业的资本－劳动替代弹性小于 1，劳动效率增长高于资本效率增长，因此，中国工业行业的技术进步大致偏向资本。杨振兵（2016a，2016b）的研究也得到了相似结论。郝枫（2017）研究了 1979～2014 年中国国民经济和三大产业的技术进步偏向，研究表明国民经济资本偏向强度呈先升后降的倒 U 形趋势。其中，第一产业和第三产业技术进步具有很强的资本偏向，第二产业资本偏向强度较低，且存在明显的阶段差异。杨翔等（2019）研究表明中国工业技术进步的要素偏向整体上呈现密集使用资本和能源的趋势。

此外，还有一些研究对资本进行了分类。钟世川和毛艳华（2017）在公共资本、非公共资本与劳动等三要素组合下，利用中国 1990～2014 年全国经济数据，基于多要素的 CES 生产函数的研究发现，要素替代弹性恒小于 1，劳动效率持续增长，公共资本与非公共资本效率增长都出现了下降。由此可知，中国的技术进步偏向资本，且偏向非公共资本的程度大于公共资本。左晖和艾丹祥（2021）研究表明中国工业行业 ICT 资本增强型技术进步速度要明显低于其他要素（非 ICT 资本和劳动）增强型技术进步，ICT 资本对非 ICT 资本和劳动的双重偏向性技术下滑。

（二）在技能劳动与非技能劳动要素组合中，技术进步多偏向技能劳动

第二次世界大战后，特别是在新科技革命的推动下，机器、设备的技术水平更高，生产工序更加繁多，技术环境的要求更严格，产品复杂度更高，新技术的研发和新产品的生产越来越多地由技能劳动完成，进而导致技能劳动需求更大，技能劳动的报酬更高，技能溢价现象更加突出，异质性劳动的收入差距不断扩大。

技能偏向性技术进步对于第二次世界大战后西方发达国家普遍存在的技能溢价现象和收入差距现象具有强大的解释能力（Acemoglu，1998，1999，2002，2003；Crifo，2008；Acemoglu et al.，2012，2014，2015；Buera et al.，2015；Khalifa & Mengova，2015）。当技术进步有利于技能劳动时，提高了技能劳动相对于非技能劳动的工资，技能工人的工资随着技能供给的增加反而上升。莫里斯和温斯顿（Morris & Western，1999）认为技术进步改变了异质性劳动生产率，导致劳动报酬非均等化，进而产生技能溢价，当技术进步偏向技能的程度越高，高技能劳动的市场需求越大（Acemoglu，2007）。

尽管发达国家技术进步偏向于技能劳动似乎已取得共识（Goldin & Katz，1996；Autor et al.，1998；Krusell et al.，2000；Bratti & Matteucci，2005），然而，很少有研究利用发达国家技能劳动（高技能劳动）与非技能劳动（低技能劳动）的数据进行定量研究。巴塔赫和里奇（Baltagi & Rich，2005）利用美国 1959～1996 年制造业部门的数据，使用一般指数法

测算发现技术进步偏向技能劳动。然而，现有文献很少量化研究技能偏向性技术进步的程度和趋势（王林辉等，2014），与此同时，现有文献更多地关注发达国家的技能偏向性技术进步问题，缺乏发展中国家的经验数据支持。

有关中国的研究也支持了中国技术进步偏向技能的观点。通过将劳动区分为技能劳动和非技能劳动，在资本－技能劳动－非技能劳动的要素组合下，侧重从中国整体层面识别技术进步偏向。宋冬林等（2010）利用中国 1978～2007 年时间序列数据的研究表明，现阶段中国技术进步呈现技能偏向和资本物化的双重特性。由于资本体现式技术进步与技能需求的互补关系很强，物化着前沿技术的机器、设备投资高速增长导致技术进步偏向技能。王林辉等（2014）在资本－技能劳动－非技能劳动三要素组合下，基于双层嵌套型 CES 生产函数对中国 1979～2010 年的时间序列数据发现，中国技术进步明显偏向于技能劳动，但偏向强度趋弱。张月玲和叶阿忠（2014）基于超越对数生产函数，在资本－技能劳动－非技能劳动三要素组合下，利用 1996～2010 年中国 29 个省级层面的数据，研究表明中国技术进步表现为资本技能双重偏向特征，尽管技术进步的资本偏向递增，技能偏向趋缓，但技术进步更偏向技能劳动。王俊和胡雍（2015）基于 Malmquist-TFP 指数分解方法，使用 1996～2012 年中国制造业分行业数据研究表明，制造业的技术进步并非表现出偏向技能，技能偏向性技术进步呈现出较大的波动。雷钦礼和李粤麟（2020）认为由于资本技能互补的间接效应和要素配置的规模效应偏向于技能劳动，且二者的作用强度较大，使得中国技术整体呈现出技能劳动偏向。

事实上，尽管一些学者认为中国技术进步朝有利于技能劳动的方向发展，但技能偏向技术进步的定量研究相对匮乏，现有研究也仅限于全国层面，尚未扩展到行业层面，这可能与数据质量不足有关。

（三）纳入能源要素，在多要素组合中识别技术进步偏向

随着能源消耗和污染排放问题越来越突出，有一些研究尝试将能源要

素与资本、劳动等纳入研究模型，在多要素组合中识别技术进步偏向，但未取得明显一致的结论。

在资本－劳动－能源三要素组合下，国外诸多研究表明技术进步是偏向能源的，也就是说相对于其他生产要素，能源的边际生产率增长更快。减缓气候变化的挑战使各国努力在减少化石能源消耗的同时提高生产率，能源节约的技术进步往往缺乏证据支持（Semieniuk，2016）。卡拉菲尔和耶迪尔－塔萨马尼（Karanfil & Yeddir-Tamsamani，2010）利用超越对数成本函数对 1978~2006 年法国的数据研究表明，多数部门中存在资本节约的技术进步，并且存在能源偏向性技术进步。塞米尼乌克（Semieniuk，2016）研究了技术进步方向与全球化石能源和劳动力使用之间的关系，发现能源－劳动生产率与劳动生产率的平均弹性非常接近于 1，这意味着技术进步偏向能源。国内研究表明技术进步是偏向能源的，即相对于其他生产要素，能源的边际生产率提高得更快。陈晓玲等（2015）利用 1994~2008 年中国工业分行业数据，基于标准化供给面系统法的研究表明，多数工业行业的技术进步是资本、能源偏向的。能源节约的技术进步意味着不存在能源偏向性技术进步。刘慧慧和雷钦礼（2016）利用中国 1980~2011年的时间序列数据研究发现，中国技术进步属于劳动和能源节约型与资本使用型，而且技术进步对劳动的节约强度要大于对能源的节约程度。

在资本、劳动、能源、中间品投入四种要素组合下，行业的技术进步是节约能源还是偏向能源因样本差异而表现不一致。何小钢和王自力（2015）基于超越对数成本函数，利用 1981~2000 年中国工业 33 个行业的研究发现：对于资本密集且市场化滞后的行业，因受市场规模效应影响而表现为能源偏向性技术进步；对于技术与设备轻型化行业，由于受能源价格影响较大，呈现出能源节约型技术进步。在资本、劳动、能源和碳排放四种要素组合下，邵帅等（Shao et al.，2016）基于超越对数生产函数法对上海 1994~2011 年 32 个工业行业的研究表明，上海工业生产偏向能源使用和资本节约的技术进步。在能源节约和节能减排政策的双重影响下，技术进步偏向能源和碳排放的程度存在强弱交替。杨翔等（2019）采用非径向、非导向的基于松弛的 DEA 方法，对考虑能源投入和环境污染的技术进步指数进行分解，研究发现中国工业偏向性技术进步对工业技术进步的贡献率较低但日益重要。

尽管多要素嵌套的 CES 生产函数得到一定应用，然而，在多要素组合下，仍然缺乏对 CES 生产函数嵌套结构下替代弹性的可靠估计（Shen & Whalley，2013），这限制了更多生产要素的纳入；与之类似，基于超越对数函数的研究同样也因为多要素带来的估计精确度不足，多要素组合下有关偏向性技术进步的识别研究相对偏少。

第二节　偏向性技术进步的测算方法研究

自希克斯（Hicks，1932）提出技术进步偏向的概念以来，技术进步偏向的识别和测算引起了学者们的兴趣，特别地，随着阿西莫格鲁（Acemoglu，1998，1999，2002，2003，2007）、阿西莫格鲁等（Acemoglu et al.，2015）对偏向性技术进步理论研究的推动，识别和测算偏向性技术进步显得更加重要。在识别偏向性技术进步方向及其大小时，根据现有文献所使用的假设和测算模型差异，目前学术界主要存在四类代表性识别和测算方法。

一、数据包络分析法（DEA）

一支文献从要素投入的边际技术替代率出发，认为若技术进步具有希克斯偏向，要素投入之间的边际替代率将受到技术进步的影响，这对应于等产量曲线的非同位移动（Briec & Peypoch，2007；Briecet al.，2011）。该支文献摒弃了参数法的约束，基于 DEA 非参数方法，从 Malmquist 生产率指数和 Luenberger 生产率指数的技术进步项中分解出要素投入偏向性技术进步指数（Färe et al.，1997；Briec & Peypoch，2007；Yu & Hsu，2012），以此测算偏向性技术进步的大小。

　　法尔和格罗斯科夫（Färe & Grosskopf, 1996）、法尔等（Färe et al.,
1997）在规模报酬不变条件下，引入一种 Malmquist 生产率指数新的分解方
法，该方法集中考察技术变化项，将技术变化项进一步分解为技术规模变
化指数、产出偏向指数与投入偏向指数之积，这里的投入偏向指数是要素
偏向性技术进步指数。在此基础上，于明敏和徐嘉珠（Yu & Hsu, 2012）
进一步放宽规模报酬不变的假设，在规模报酬可变条件下从纯技术变化项
中分解出纯投入偏向性技术进步指数。该方法为利用 Malmquist 生产率指数
测算偏向性技术进步的经验研究奠定了应用基础，例如，巴罗斯等（Barros
et al., 2011）、王班班和齐绍洲（2015）、王俊和胡雍（2015）、杨翔等
（2019）的研究。

　　利用方向性距离函数和加法结构能够从 Malmquist 生产率指数方法中推
导出衡量多产出情况的 Luenberger 生产率指数。布里克和佩波赫（Briec &
Peypoch, 2007）首次将法尔等（Färe et al., 1997）的研究扩展到 Luen-
berger 生产率指数的情形，技术进步项进一步表示为投入偏向指数、产出
偏向指数和技术规模变化指数之和。该方法为后来利用 Luenberger 生产率
指数为测算偏向性技术进步的实证研究奠定了测算基础，例如，布里克
（Briec et al., 2011）、卡洛斯（Carlos et al., 2011）的研究。

　　偏向性技术进步使等产量曲线朝着特定的要素投入或者要素产出移动，
等产量曲线之间的距离依赖于方向的选择，若使用单一方向来衡量，只能
局部地捕捉技术进步，而技术进步实质上是全局现象。阿斯米尔德和塔姆
（Asmild & Tam, 2007）提出了全域 Malmquist 生产率指数，然而，只有每
个时间上选择的投入－产出组合被用作基准向量，因此，不可否认在全域
的 Malmquist 生产率指数中技术进步项沿着单一方向衡量等产量曲线之间距
离的可能性。沟渊秀幸（Mizobuchi, 2015）提出利用两个方向衡量等产量
曲线之间距离的全局技术进步指数，在规模报酬不变时，该指数是
Malmquist 生产率指数和 Hicks-Moorsteen 生产率指数的几何平均值，它能够
解释偏向性技术进步对全要素生产率变化的影响。尽管该指数能够合理地
量化偏向性技术进步的大小，但技术进步偏向于何种要素并不明确。

值得注意的是，基于 DEA 法衡量的要素偏向性技术进步的特征是偏向性技术进步使全要素生产率在要素等比例节约的假设下所实现的增进或降低，因此该法测算的偏向性技术进步是以 TFP 为载体，即偏向性技术进步指数反映出对 TFP 增长的影响。换言之，该方法能够测算出以全要素生产形式表示的偏向性技术进步水平及其增长率，尽管该方法直观地给出了技术进步是中性还是偏向性的判断，但并未给出技术进步在不同要素组合中的偏向（Weber & Domazlicky，1999；Briec et al.，2006；Mizobuchi，2015；王班班和齐绍洲，2015；王俊和胡雍，2015；杨翔等，2019）。

为此，韦伯和多马兹利基（Weber & Domazlicky，1999）基于 DEA-Malmquist 指数法，提出使用要素比例在 $t+1$ 期和 t 期的变化，以及要素投入偏向性技术进步指数与 1 的大小之间来识别技术进步的要素偏向。该方法为布里克等（Briec et al.，2006）、王班班和齐绍洲（2015）、王俊和胡雍（2015）采用。具体而言，从 t 时期到 $t+1$ 时期发生的技术进步，若要素投入组合 (x_1, x_2) 不变，两种要素的边际替代率上升（降低），则技术进步是使用 $x_1(x_2)$ 的。令 x^t、x^{t+1} 分别表示 t 和 $t+1$ 的要素投入比例。若 $(x_1/x_2)^{t+1} > (x_1/x_2)^t$，投入偏向性技术进步指数大（小）于 1，则技术进步是 $x_2(x_1)$ 要素偏向的；若 $(x_1/x_2)^{t+1} < (x_1/x_2)^t$，投入偏向性技术进步指数大（小）于 1，则技术进步是 $x_1(x_2)$ 要素偏向的。然而，基于 DEA-Luenberger 指数法对于技术进步要素偏向的识别尚未见诸相关研究。

基于 DEA 法衡量要素偏向性技术进步的优点在于，它无须对技术进步施加先验的函数形式假定，也无须对要素投入报酬施加限制性假设，在价格扭曲或不存在价格信息情况下尤其有用，也无须假定无效率误差项的分布形式。纵然，基于 DEA 的这些改进方法在量化偏向性技术进步时具有一定合理性，但它无法继续对偏向性技术进步项进一步分解，不能解释偏向性技术进步的决定因素和影响机制。

二、CES 生产函数法

阿西莫格鲁（Acemoglu，2002）发展的偏向性技术进步理论在要素增强型技术进步的 CES 生产函数下展开，技术进步偏向取决于要素增强型技术进步和要素替代弹性两个关键参数。一支文献根据阿西莫格鲁（Acemo-glu，2002）或希克斯（Hicks，1932）的偏向性技术进步定义，利用要素增强型技术进步和要素替代弹性来识别技术进步偏向方向及其大小。然而，CES 生产函数的非线性使其参数估计与数据指标测量、技术进步属性假定有关，解决参数估计不一致的问题成为实证研究的重要方向。根据克勒姆等（Klump et al.，2007，2012）、勒昂 - 莱德斯马等（Le'on-Ledesma et al.，2010）的研究，CES 生产函数的参数估计主要有单一方程法（single equation approaches）、两方程系统法（two-equation system approaches）和供给面系统法（supply-side system approaches）。①

（1）单一方程法。单一方程法通常关注生产函数本身或某一要素利润最大化一阶条件，包括 Kmenta 近似和一阶条件（FOC）两种。克曼塔（Kmenta，1967）开创了直接估计非线性 CES 生产函数的方法，利用二阶泰勒级数在单位替代弹性附近展开，将非线性 CES 函数转换为线性形式后直接进行估计。利用 Kmenta 近似对非线性标准化 CES 生产函数估计时，勒昂 - 莱德斯马等（Le'on-Ledesma et al.，2010，2015）发现直接估计线性化的生产函数存在参数弱识别问题。这意味着单一的线性标准化 CES 生产函数并不适合研究技术进步偏向。一阶条件（FOC）最早可追溯到博德金和克莱恩（Bodkin & Klein，1967）对 CES 生产函数的替代弹性进行估计，该方法依据厂商理性决策的最优条件，包含利润最大化方法与成本最小化方法。一阶条件法的优点是在于便于直接估计，但仍需借助于技术进步属性

① 需要说明的是，这里的两方程系统法是指除技术之外，存在两种生产要素的情况，如果有 $N(N \geqslant 2)$ 种生产要素，可以是 N 个方程系统法。

的严格假设来实现。戴维和克伦特（David & Klundert，1965）、威尔曼（Willman，2002）指出建立在要素需求函数基础上的单一方程估计存在系统性偏误，这与要素投入依赖于相对要素价格，相对要素价格再次依赖于相对要素投入的假设有关。尽管莫罗尼（Moroney，1970）放松规模报酬不变、产品市场完全竞争假定，提出成本最小化方法，但一阶条件法中要素投入与要素价格互为因果导致的内生性问题仍无法解决，其估计结果往往有偏。克勒姆等（Klump et al.，2007）、勒昂－莱德斯马等（Le'on-Ledesma et al.，2010）在资本与劳动两要素的 CES 生产函数框架下发现，从关于劳动的一阶条件中估计的替代弹性比从关于资本的一阶条件中推导的替代弹性要大。

（2）两方程系统法。狭义的两方程系统法是指在两要素投入的生产函数中，联立要素投入的需求函数进行估计，如伯特霍尔德（Berthold et al.，2002）。尽管在一定程度上缓解了系统性方程偏误，但两方程系统法通常并没有明确估计生产函数，技术进步的属性通常被一种先验假设限制。此外，估计的两方程系统未能捕捉不完全市场的存在。

（3）供给面系统法。如果技术进步是有偏的，从要素收入份额随时间变化的角度看，技术进步偏向只能依据在固定点上的基准值进行区分。标准化 CES 生产函数来自这样一种观察：CES 函数通过不同的替代弹性进行区分，它需要一个共同的固定点，标准化意味着设定产出、要素投入、要素份额和经济体中技术进步增长率的基准值。标准化 CES 函数的思想由德拉格兰德维尔（De La Grandville，1989）明确提出，克勒姆和德拉格兰德维尔（Klump & De La Grandville，2000）、克勒姆和普赖斯勒（Klump & Preissler，2000）对其进一步发展。克勒姆等（Klump et al.，2007）结合标准化 CES 生产函数和供给面系统法，首次提出了标准化供给面方程组法，实现了对 CES 生产函数系统的一致估计，成为目前利用 CES 生产函数估计偏向性技术进步参数最具影响力的方法。在此基础上，勒昂－莱德斯马等（Le'on-Ledesma et al.，2010）对其进行了变形和进一步讨论。

标准化供给面系统（normalized supply-side system approach）将企业利

润最大化一阶条件作为一个系统，包含了跨方程参数约束，从根本上缓解诸如替代弹性和技术进步参数等结构参数的识别。整个供给面系统的估计不仅包含所有要素需求函数，而且还包含一个明确的 CES 生产函数。该方法非常适合测算阿西莫格鲁（Acemoglu，2002）定义的偏向性技术进步，且能够获得偏向性技术进步参数的一致估计。

相比单一方程和两方程系统法以及线性和非线性方法，通过蒙特·卡罗方法（Monte Carlo method）估计表明，即使存在设定误差、样本大小变化以及技术进步的替代形式，标准化 CES 生产函数的供给面系统法能够以稳健的方式捕捉生产和技术参数（Klump et al.，2007；León-Ledesma et al.，2010）。标准化供给面系统法在偏向性技术进步的实证研究中得到了大量应用（Li & Stewart，2014；李小平和李小克，2018；袁礼和欧阳峣，2018；余东华等，2019；雷钦礼和李粤麟，2020；左晖和艾丹祥，2021；雷钦礼，2022）。

三、超越对数函数法

考虑到要素替代弹性的变化，一支文献基于超越对数函数，研究技术进步偏向。在实证研究中，超越对数函数存在超越对数生产函数和超越对数成本函数两种类型，它们均可以直接利用单方程模型进行估计，而且被认为是任何形式生产函数的近似，该方法在实证研究中也得到了一定应用。卡拉菲尔和耶迪尔 – 塔萨马尼（Karanfil & Yeddir-Tamsamani，2010）利用超越对数成本函数，检验了 1978 ~ 2006 年法国的技术进步是否偏向能源。相比较而言，在测算偏向性技术进步时，超越对数函数法在国外的文献中鲜有使用，但该法在国内研究偏向性技术进步的测算时得到了较广泛的应用，例如，杨振兵（2015，2016a，2016b）、邵帅等（Shao et al.，2016）采用超越对数生产函数对于技术进步偏向的测算；张月玲和叶阿忠（2014）、王班班和齐绍洲（2014）、何小钢和王自力（2015）等在测算技术进步偏向时则采用了超越对数成本函数。

　　超越对数函数方法依据戴蒙德（Diamond，1965）提出的偏向性技术进步指数，研究技术进步偏向及其大小。其中，一些文献利用任意两种要素边际产出增长率之差的符号方向识别技术进步的要素偏向，如杨振兵（2015，2016a，2016b）；另一些文献对其进行变形，从要素产出弹性的角度进行定义，将技术进步引起的要素边际产出增长率定义为该要素投入与时间趋势交叉乘积项的参数与该要素产出弹性之比（张月玲和叶阿忠，2014；Shao et al.，2016）。事实上，两种测算思路本质上是等价的。

　　相比 CES 生产函数来说，超越对数生产函数允许产出弹性和替代弹性可变，能够反映要素投入之间的替代效应和交互作用（章上峰，2011，杨振兵，2015，2017b）；同时，超越对数生产函数的形式较为灵活，能够有效避免由于生产函数误设而带来的偏差（涂正革和肖耿，2005）；此外，超越对数生产函数适合多要素投入下的技术进步方向及要素替代弹性的动态分析研究（张月玲和叶阿忠，2014），可以揭示经济系统的更多内在特征。然而，郝枫（2015）梳理了国内有关超越对数函数的使用，尤其是要素替代弹性的计算公式和估计方法，发现超越对数生产函数下的要素替代弹性计算公式存在严重错误，使估计结果和分析的可靠性降低。尽管利用超越对数生产函数计算技术进步偏向，绕过了要素替代弹性这一参数，然而，在经典的偏向性技术进步理论框架下，依然需要具体的替代弹性取值。超越对数生产函数的严重问题还在于，随着要素数量增加，待估参数激增，往往因严重的共线性问题导致模型无法估计。即使借助岭回归估计方法能够减弱共线性程度，但估计结果对岭回归系数取值很敏感（郝枫，2015）。由此可见，基于超越对数生产函数计算替代弹性的可靠性难以保证，也很难准确揭示技术进步偏向变化的原因。

　　相比超越对数生产函数法，基于超越对数成本函数计算的替代弹性稳健性明显提高，且由于待估参数减少，降低了共线性问题。不过，由于超越对数成本函数不仅要求要素投入量的数据，还需要要素投入价格数据。成本函数的一个重要问题在于生产要素价格获取极为不易（何小钢和王自力，2015），容易造成测算结果的准确性下降（杨振兵，2017b）。陈晓玲和连玉君（2013）还指出超越对数成本函数模型估计逼近的区域较小，是局部最优估计，而非全局最优估计。

四、可变要素份额法

还有一支文献从要素产出弹性变化出发，认为要素产出弹性变化是捕获偏向性技术进步或技术进步偏向的线索（Antonelli & Quatraro，2010，2014；Antonelli，2016；Feder，2017a，2017b，2019；Antonelli & Feder，2019；李小克和李小平，2022）；无独有偶，也有一些文献从要素份额变化出发，认为偏向性技术进步改变了要素份额（Zuleta，2008，2012；Zuleta & Sturgill；2015；Sturgill，2017），可变要素份额反映偏向性技术进步或技术进步偏向。要素份额分布作为衡量每种要素产出弹性的重要信号，要素份额变化和要素产出弹性变化在衡量偏向性技术进步及其影响时是等价的。这类方法主要在研究偏向性技术进步对全要素生产率时应用较多（Antonelli & Quatraro，2010；Antonelli，2016）。

此支文献认为偏向性技术进步引起了要素份额的变化。事实上，根据偏向性技术进步理论的观点，偏向性技术进步会引起要素份额的变化，但其逆命题不一定成立，即要素份额的变化并非都是由偏向性技术进步造成的。祖莱塔（Zuleta，2012）总结了要素份额变化的四种可能原因：不同代理人的议价能力变化、要素替代弹性不等于单位弹性、要素收入份额偏离平均水平的部门其相对规模扩大、偏向性技术进步。罗长远（2008）认为技术进步偏向本身不能完全解释劳动收入占比的动态变化过程。由此可见，偏向性技术进步并非是造成要素份额变化的唯一原因，从其他角度寻找偏向性技术进步的衡量工具更加具有意义。此外，还需要说明的是，这支文献将技术进步对要素份额影响的系数解读为技术进步的要素偏向（Fisher-Vanden & Jefferson，2008），这在多投入要素的成本函数中并不恰当（王班班和齐绍洲，2014）。

第三节　偏向性技术进步的决定和影响因素研究

自 20 世纪 90 年代以来，随着偏向性技术进步理论的复兴，学术界侧重分析偏向性技术进步产生的影响和后果，主要围绕偏向性技术进步的技能溢价效应、要素份额效应、收入差距效应、环境效应和生产率效应进行了广泛而深入的研究，利用不同的测算方法、不同的样本和时间区间以及不同的估计方法得到了诸多富有启发性的结论。然而，截至目前，相比对偏向性技术进步产生的后果考察，鲜有文献对偏向性技术进步的影响因素进行研究（Acemoglu，2002；张莉等，2012；邓明，2014；杨振兵，2015；杨振兵，2016a），正如阿西莫格鲁（Acemoglu，2002）明确指出的那样，寻找和认识偏向性技术进步的来源可能更为重要。与上一节有关偏向性技术进步的主要发现不同，本节侧重于对现有文献中零星涉及偏向性技术进步的决定及其影响因素进行梳理和归纳，从要素禀赋、工资扭曲、研发投入、人力资本、环境规制等方面系统认识偏向性技术进步的影响因素。①

一、偏向性技术进步的决定

基于内生的技术进步偏向模型，阿西莫格鲁（Acemoglu，2002）提出偏向性技术进步受到两种方向相反的力量制约。一是价格效应（price effect）。价格效应刺激发展昂贵产品生产中使用的技术，它等价于使用数量相对稀缺因而价格相对昂贵要素的技术。二是规模效应（market size effect）。市场规模效应鼓励发展具有较大市场需求的技术，换句话说，它鼓励使用要素数量相对丰裕因而价格相对便宜的技术。

---

① 因缺乏偏向性技术进步影响因素的文献，本节并未明确将不同要素组合下技术进步偏向的影响因素进行分类，但这并不影响偏向性技术进步影响因素的梳理。

阿西莫格鲁（Acemoglu，2002）的研究表明要素替代弹性决定了价格效应和市场规模效应的相对力量。当要素替代弹性小于 1 时，两种要素在生产中为互补关系，价格效应相对较强，技术进步可能偏向于相对稀缺的生产要素；当要素替代弹性大于 1 时，两种要素在生产中为替代关系时，市场规模效应比较大，技术进步偏向于相对丰裕的生产要素。然而，技术进步总是具有偏向于相对丰裕要素的倾向，这一观点建立在"弱诱导性偏向假说"（weak induced-bias hypothesis）和"强诱导性偏向假说"（strong induced-bias hypothesis）基础之上。前者是指只要要素替代弹性不等于 1，一种要素的相对丰裕度提高会在一定程度上使技术进步偏向该要素；后者强调要素替代弹性足够大，诱导性技术进步偏向能够克服替代效应，因而增加相对丰裕要素的报酬。

价格效应与市场规模效应作为偏向性技术进步的两大基石，被广泛应用于技术进步偏向成因的分析。阿西莫格鲁等（Acemoglu et al. , 2015）的模型进一步强调了市场规模效应和价格效应在技术进步偏向中所发挥的核心作用。尽管现有文献尝试将两种效应分开，然而，通常无法直接观测和量化其作用大小。在均衡时，价格效应与市场规模效应由两种要素或两种中间品的替代弹性决定，但是，正如张俊和钟春平（2014）指出的那样，现实经济中决定技术进步偏向的因素还很多，忽略其他重要的影响因素，可能会影响技术进步偏向结果的可靠性。

二、偏向性技术进步的影响因素研究

（1）要素禀赋结构。要素禀赋结构也即要素密集度，在资本与劳动两要素组合下，它表示资本深化或资本密集度。要素禀赋通过要素积累的"数量效应"和要素结构变化而提高要素配置效率的"效率效应"影响产出和生产率（张军等，2009）。根据要素边际产量递减规律，相对稀缺因而相对昂贵的生产要素的边际生产率相对较高，相对丰裕因而相对稀缺的生产要素的边际生产率相对较低，因此，不同的要素禀赋结构和配置比例对技术进步的要素偏向产生影响。杨振兵（2015）的研究表明资本深化水平提升弱化了中国工业行业的资本偏向，杨振兵（2016a）的研究证实创新投入要素资本化程度的提升削弱了中国制造业行业创新技术进步的资本偏向。其可能的原因是中国工业资本经历长期的加速积累，抑制了资本或创新资本的边际生产率增长，相对落后于劳动或创新劳动的边际生产率增长，因此弱化了技术进步偏向资本的程度。此外，还有研究表明劳动力禀赋结构通过影响最优专利制度来影响技术进步方向（潘士远，2008）。在涉及能源要素的研究中，克伦伯格（Kronenberg，2010）扩展了斯莫德斯和努伊（Smulders & Nooij，2003）的理论模型，技术进步可以偏向劳动或能源，经济中存在一个垄断集团，而政府需要承担失业救济、征收工资税和出售排放许可证。研究表明能源消费水平降低能够带来污染和失业降低的双重红利，并且在短期内导致能源节约的技术进步。在经济均衡时，能源消费增长率的降低能够导致技术进步持续偏向于劳动。杨翔等（2019）的研究结果表明能源消费结构的优化能够促进偏向性技术进步。

（2）工资扭曲。现有研究认为工资扭曲是影响资本偏向性技术进步的重要因素。市场扭曲在发展中国家普遍存在，而工资扭曲是中国等国家要素市场的显著特征，主要表现为劳动的实际工资偏离其边际报酬所决定的均衡工资水平（邵敏和包群，2012），相对于劳动力的边际产出，劳动力价格扭曲严重（邓明，2014）。邓明（2014）认为当面临低成本劳动力时，劳动力价格扭曲会导致企业倾向于采用偏向资本的技术，该研究的实证结果发现1990~2010年中国省级层面上劳动力价格的扭曲导致各地区的技术进步偏向于资本。杨振兵（2015）利用2001~2012年中国工业行业层面的数据研究技术进步偏向时发现，劳动工资扭曲压低了劳动力价格，但较高的劳动边际生产率弱化了中国工业技术进步的资本偏向程度。杨振兵（2016a）利用2001~2013年中国制造业行业层面的数据研究创新技术进步偏向时发现，科研人员工资扭曲程度上升会削弱要素结构变动对资本偏向性创新技术进步的抑制效应，造成创新技术进步更加偏向资本。

（3）研发投入。研发投入也被称为创新投入，它是技术进步和生产率增长的重要来源。在技术研发过程中，企业既可能选择增强资本效率的技术进步，也可能侧重提高劳动效率的技术创新。随着资本增强型技术进步和劳动增强型技术进步的不断引入和大量使用，将改变各要素投入的边际生产率，影响技术进步的要素偏向。邓明（2014）的研究表明研发投入对技术进步偏向的影响不显著。杨振兵（2015）的研究表明创新投入比重上升有利于提高资本的边际生产率，进而强化中国工业行业技术进步的资本偏向。杨翔等（2019）发现研发强度的加大能有效地促进中国工业的偏向性技术进步。

（4）人力资本。阿方索和吉尔（Afonso & Gil，2013）发展了一个具有技术知识偏向于高（低）技能劳动，中间品的北 – 南国际贸易和人力资本积累的内生增长模型，研究了人力资本积累与源于贸易的技术知识偏向之间的相互作用。斯瓦莱达和弗拉乔布（Svaleryd & Vlachos，2005）使用经济合作与发展组织国家和企业层面的数据研究了人力资本水平与技能偏向性技术进步之间的联系，研究发现研发投入正向影响人力资本供给，然而，当使用技能劳动的工资份额表示技能偏向性技术进步时，并未发现人力资本促进了技能偏向性技术进步的上升。

（5）环境规制。环境规制强度上升通过提高资本边际生产率、削弱劳动生产率增长来促进技术进步的资本偏向。阿西莫格鲁（Acemoglu et al.，2009，2012a）将偏向性技术进步引入环境规制的经济增长模型。研究表明，在要素投入有效替代情况下，通过对污染技术征收临时税能够实现长期增长率；最优环境政策应考虑碳税和研发补贴的组合，从而避免碳税的过度使用。该研究进一步指出当两种投入是相互替代时，自由放任条件下，污染投入生产中不可再生资源的使用有助于转向清洁技术。杨翔等（2019）研究表明环境规制强度的增强在一定程度上会对中国工业偏向性技术进步产生阻碍作用。

（6）竞争强度。从理论上看，竞争强度对企业的利润率具有重要影响，由此可能诱发不同偏向的技术进步（Aghion et al.，2001），因此，竞争强度可以视为偏向性技术进步的重要影响因素。杨振兵（2015）研究发现行业竞争强度上升，有利于提高企业的创新动力和成本控制，提升昂贵生产要素的边际生产率，强化了技术进步的资本偏向程度。

（7）其他因素。第一，外商直接投资对技术进步偏向的影响。李尚奥等（Li et al.，2016）的研究表明，若南北国家之间贸易的技术中间品与非技术中间品为替代关系，则技能增强型技术进步下降；相反，若南北国家之间贸易的技术中间品与非技术中间品为互补关系，则技能增强型技术进步上升。第二，人口年龄结构变动对技术进步偏向的影响。邓明（2014）利用1990~2010年中国省际面板数据的研究表明，若不控制要素价格扭曲，老年人口抚养比与技术进步偏向之间的关系不显著；当控制要素价格扭曲后，老年人口抚养比越高促使技术进步偏向于劳动。哈斯和坎帕（Haas & Kempa，2016）分析了能源价格增长和两个部门的相对生产率如何影响研发偏向，研究表明短暂的能源价格冲击可能导致创新活动永久偏向低能源强度的部门（或行业）。杨翔等（2019）认为国有经济比重的加大还会促进技术进步偏向。

在以上研究中，主要是在封闭条件下分析偏向性技术进步的影响因素。然而，随着经济全球化和贸易开放的推进，开放条件下国际贸易对偏向性技术进步产生哪些影响，以及这些影响背后的作用机制是什么，这一视角的研究在下一节中着重进行分析。

第四节　国际贸易对偏向性技术进步的影响研究

在偏向性技术进步理论基础上，一些研究尝试将国际贸易与偏向性技术进步联系起来（Wood，1994；Acemoglu，1998，2003；Thoenig & Verdier，2003；Epifani & Gancia，2008；Gancia et al.，2011；Khalifa，2014），试图在开放条件下解释国际贸易如何进一步影响技能偏向性技术进步，进而扩大了异质性劳动的工资差距和技能程度不同的国家间收入差距。有关国际贸易对要素偏向性技术进步的影响研究，主要在劳动力异质性情境下，研究国际贸易对技能偏向性技术进步的影响，以试图揭开技能溢价之谜（Harrison，2002；Decreuseand & Maarek，2008；Khalifa，2014；Acemoglu et al.，2015）。根据技术进步的要素偏向不同，可以将国际贸易对偏向性技术进步的影响研究划分为三类：第一类是在技能与非技能的要素组合中，研究国际贸易对技能偏向性技术进步的影响；第二类是在资本与劳动的要素组合中，研究国际贸易对资本偏向性技术进步的影响；第三类是纳入能源要素，研究国际贸易对能源（绿色）偏向性技术进步的影响。在对相关文献梳理和述评基础上，提出本书尝试进一步研究的内容。

一、技能与非技能劳动组合下国际贸易对技能偏向性技术进步影响

第二次世界大战后，特别是 20 世纪 70 年代以后，西方国家大量出现技能溢价现象，20 世纪 90 年代以来，学界将其归结为技能偏向性（skill-basied）技术进步的影响。一些学者试图从开放条件下国际贸易对技能偏向性技术进步影响的视角来剖析异质性劳动力收入差距的原因。与学界对技术进步偏向的识别大量集中在资本与劳动要素组合背景下不同，当前有关国际贸易对偏向性技术进步影响的文献起源于并大量集中在贸易对技能偏向性技术进步的影响研究领域。

早期的研究单独用国际贸易和偏向性技术进步分别解释劳动力结构内部的收入差距，往往低估了国际贸易对偏向性技术进步的影响。伍德（Wood，1994）最早提出国际贸易对技术进步偏向的影响，用来解释发达国家 20 世纪 80 年代以来普遍存在的技能溢价现象，该研究认为国际贸易导致发达国家技能劳动相对于非技能劳动的工资水平上升。在此基础上，阿西莫格鲁（Acemoglu，1998，1999，2002，2003）逐步建立起成熟的偏向性技术进步理论框架，深刻揭示了国际贸易导致北方国家技术进步偏向技能劳动，进而扩大了不同技能劳动的工资和收入差异。此后，有不少理论研究和实证研究或沿着或改进了阿西莫格鲁构建的偏向性技术进步理论

框架，从国际贸易角度进一步研究不同要素的偏向性技术进步变化引起不同国家、不同行业的技能溢价、要素收入份额变化等现象。布鲁姆等（Bloom et al.，2011）研究了欧盟向中国进出口对技能偏向性技术进步的影响。发现进口对欧盟技能偏向性技术进步具有显著的正向影响，但出口的影响不明显。哈利法（Khalifa，2014）考察了南南贸易降低关税对技能偏向性技术进步的影响，研究发现降低关税的国家会增加其出口范围，从而导致技能溢价的增加。

随着经济全球化的深入发展和贸易自由化的大幅推进，国际贸易对发达国家与发展中国家的技能偏向性技术进步的影响存在显著差异。国际贸易进一步促使发达国家的技术进步偏向技能劳动，但它对发展中国家技术进步在技能与非技能劳动之间的偏向影响并未达成共识。

第一，国际贸易强化了发达国家技能偏向性技术进步。阿西莫格鲁（Acemoglu，1998，1999）构建的偏向性技术进步理论模型研究了国际贸易对发达国家技能偏向性技术进步的影响。该研究认为贸易开放对技能偏向性技术进步的影响取决于发展中国家对知识产权保护的程度。若发展中国家不能有效地保护所引进外来技术的知识产权，国家贸易则提高了发达国家技术密集型产品的价格，这进一步强化发达国家的技术进步偏向技能劳动。若发展中国家提供完善的知识产权保护，国际贸易会通过增加发达国家的劳动偏向性技术的市场规模，导致发达国家的技术进步偏向非技能劳动。显而易见，知识产权保护程度偏低是发展中国家存在的普遍问题，由此可以判断，国际贸易会通过价格效应强化发达国家技术进步的技能偏向。阿西莫格鲁等（Acemoglu et al.，2015）研究了离岸外包与偏向性技术进步之间的关系，研究发现当外包提高技能密集型产品的相对价格时，外包机会增加引起西方国家技能偏向性技术进步和技能溢价的上升，技术进步对技能劳动有利。通常而言，发达国家的企业在利润动机驱动下，将加工和组装等劳动密集型环节通过国际外包转移到劳动力成本的发展中国家，离岸外包使得发达国家企业的生产成本下降，这进一步强化发达国家的技术进步偏向本国更丰富要素禀赋——技能劳动。

第二，国际贸易增加发展中国家对熟练劳动力的需求，但贸易引致的技能偏向性技术在发展中国家很少存在。阿西莫格鲁等（Acemoglu et al.，2015）的研究表明只有当外包规模很大时，离岸外包规模进一步扩大导致技术进步偏向于非技能劳动。离岸外包导致技术进步偏向逆转的原因是当外包扩大与非技能劳动技术互补的市场规模时，技术进步偏向于非技能劳动，技术进步将对非熟练工人有利。离岸外包鼓励发展中国家发展与低技能劳动互补的技术，尽管这在一定程度上增加发展中国家低技能的劳动报酬。然而，国家间收入差距并未缩小，而且还可能会使发展中国家的技术进步偏向低技能劳动固化。此外，贸易导致发达国家和发展中国家实现的技能偏向性技术进步的类型不同。殷德生和唐海燕（2006）的研究表明贸易导致发达国家的技能偏向性技术进步表现为提升产品质量阶梯，而贸易发展中国家的技能偏向性技术进步在于增加产品种类数。

国际贸易为什么会导致一些发展中国家的技术进步表现出技能偏向特征呢？一些研究对国际贸易引致发展中国家技术进步偏向技能劳动的影响机制进行了研究，主要存在以下两种解释。第一种解释是发展中国家引进的技术具有发达国家技能偏向性技术进步特征。从技术转移角度看，发达国家研发部门生产的技术具有技能密集特征，发展中国家进口的机器、设备中包含着技能偏向性技术，而且发展中国家还需要相应的技能劳动来使用这些机器、设备。因此，国际贸易能够提高发展中国家对技能劳动的需求（Berman & Machin，1998）。20 世纪 70 年代以来，发展中国家对发达国家机器、设备等技术产品的需求增加，客观上需要相应的技能劳动相匹配，导致发展中国家对技能劳动需求增加（Krusell，1998）。第二种解释是发展中国家对技能劳动需求增加来源自防御性创新（defensive innovation）。伍德（Wood，1994）、托尼格和维迪亚（Thoenig & Verdier，2003）等认为随着贸易自由化的推进，为应对来自国外企业的竞争，发展中国家的企业采取防御性创新措施促使本国技术进步偏向技能劳动，从而增加对熟练劳动的需求。相比较而言，引进发达国家的机器、设备等技术产品后，发展中国家对技能劳动使用的增加是贸易导致发展中国家技术进步偏向技能劳动的主要机制。发展中国家所谓技能偏向性技术进步的防御性创新可能不符合其拥有的比较优势（张莉等，2012），引进发达国家的技术设备，复制发达国家的技术进步的要素偏向，能够降低发展中国家研发创新的失败率和研发资源浪费，显然，这对于研发投入不足和研发能力偏低的发展中国家来说是一种理性选择。

也有一些研究发现国际贸易导致部分发展中国家的技术进步偏向于技能劳动。土耳其作为一个快速发展的新兴经济体，加快融入世界市场，促进了技术进步，苏鲁尔等（Srour et al.，2013，2016）利用1981～2001年土耳其的数据研究表明贸易促进了该国的技能偏向性技术进步。一方面，土耳其存在技能劳动与非技能劳动之间的就业差距，这与技能偏向性技术进步和技术进口现象有关；另一方面，"出口中学习"提高了土耳其对技能工人的需求。贸易自由化后，发展中国家接触和学习到更多的与熟练劳动力匹配的技术知识，有偏的学习效应使发展中国家的技术进步偏向技能（潘士远，2007）。由于发展中国家知识产权保护程度不高，受制于技术壁垒和技术垄断，都可能导致发展中国家有偏的学习效应偏小，不足以使得发展中国家的技能偏向性技术进步普遍存在。殷德生和唐海燕（2006）认为南北贸易均会促进发达国家和发展中国家技术进步偏向技能。然而，贸易导致的发展中国家技能偏向性技术进步主要体现在产品种类数增加方面，而贸易导致发达国家的技能偏向性技术进步体现在产品质量阶梯提升方面。针对20世纪80年代以来，中等收入国家技能工人需求增加的现象，伯曼和梅钦（Berman & Machin，2000）认为这种上升主要是产业内的技能升级，而不是从低技能到高技能产业的就业再配置，不能被资本－技能的互补性所解释。

尽管一些经验研究表明，一些发展中国家存在技能偏向性技术进步，然而，很少有证据表明中国存在技能偏向性技术进步。法因泽尔伯和费尔南德斯（Fajnzylber & Fernandes，2009）的一项研究表明，从事进口、出口和外商直接投资活动的巴西企业对熟练劳动有很高的需求，相比之下，中国企业对熟练劳动需求相对偏低，这是因为中国在非熟练劳动密集型产品上拥有比较优势。

　　贸易对技能偏向性技术进步的影响还取决于不同贸易品之间的替代弹性。李尚奥等（Li et al.，2016）的研究表明，若南北国家之间贸易的技术中间品与非技术中间品为替代关系，则技能增强型技术进步下降；相反，若南北国家之间贸易的技术中间品与非技术中间品为互补关系，则技能增强型技术进步上升。此外，出口目的地的特征对发展中国家技能技术进步偏向也具有很强的影响。布兰比拉等（Brambilla et al.，2012）利用阿根廷制造企业的面板数据研究了出口、出口目的地与技能使用之间的联系。该研究发现与不出口和出口到中等收入国家企业相比，倾向于向高收入国家出口更多的公司，其使用更多的技能并支付更高的平均工资。这意味着向高收入国家出口的企业，其雇用的技术工人要比其他出口商和国内企业更多。造成上述现象的原因是什么呢？一是高收入国家的质量估值较高，因此，获取高收入的出口商会致力于从事质量升级，而质量升级本质上是技能密集型的。二是与高收入国家出口有关的服务是必不可少的，而这些活动具有技能密集特征，为实现更多的出口收入可能需要更多的技术密集型任务，通过与高收入国家进行贸易的经济体能够利用更高的技能水平（Brambilla et al.，2012）。赵伟和赵嘉华（2020）研究表明在生产率效应与结构效应的共同作用下，离岸贸易使技术进步的劳动偏向增强。

二、资本与劳动要素组合下国际贸易对资本偏向性技术进步影响

　　20 世纪 90 年代以来，资本收入份额在全球范围内呈现上升趋势，该现象在发展中国家表现尤为明显（Harrison，2002；张莉等，2013）。偏向性技术进步理论认为国际贸易促进的资本偏向性技术进步是发展中国家要素收入份额向资本倾斜的重要原因。相比国际贸易对技能偏向性技术进步影响的文献，国际贸易对资本偏向性技术进步影响的文献并不多见。

　　这支文献主要从国家层面、地区层面和行业层面研究了国际贸易对发

展中国家技术进步偏向资本趋势的影响。第一，国家层面的研究大多支持国际贸易会促进发展中国家技术进步偏向资本的观点。阿西莫格鲁和齐利波蒂（Acemoglu & Zilibotti，2001）、甘西亚和齐利波蒂（Gancia & Zilibotti，2009）的研究表明，国际贸易的技术溢出效应导致发展中国家技术进步偏向资本。张莉等（2012）分析了国际贸易、偏向性技术进步对发展中国家要素收入份额的影响机制，利用1970～2007年跨国层面的数据，研究发现在资本和劳动两要素之间，发展中国家的技术进步偏向资本，从而导致要素收入向资本要素倾斜。第二，地区层面的研究也发现贸易开放有利于促进技术进步偏向资本。邓明（2014）利用1990～2010年中国省际面板数据的研究表明对外贸易开放程度越高，技术进步越偏向于资本。第三，行业层面的研究并未取得共识。陈欢和王燕（2015）的研究表明，1996～2011年中国制造业技术进步偏向资本，国际贸易是中国技术进步偏向资本的主要推力，这与"九五"计划以来，中国市场经济体制不断完善，对外开放水平明显提升，中国工业制成品贸易比重不断增加有关。然而，杨振兵（2015）研究发现出口学习效应并没有强化中国工业行业技术进步的资本偏向。中国工业的出口比较优势主要集中在劳动密集型行业，因低成本劳动力优势，而大量使用非技能劳动，因此，出口学习效应对中国工业资本偏向性技术进步可能存在抑制效应。罗知等（2018）基于中国省际面板数据的实证结果显示，进口贸易使技术进步偏向资本，而出口贸易不影响技术进步的偏向。杨翔等（2019）基于中国工业行业的数据研究则支持贸易开放水平扩大能够促进偏向性技术进步。

一般来说，许多发展中国家具有资本相对短缺、劳动力相对丰裕的典型特征。然而，为什么国际贸易通常导致发展中国家的技术进步偏向相对稀缺的资本而非相对丰裕的劳动呢？事实上，第三次科技革命以来，发展中国家为改变落后的农业国地位，普遍推行工业化发展战略，通过积极参与国际贸易，发展中国家引进发达国家先进的机器、设备和零部件，发展中国家相应地复制了发达国家技术进步方向；同时，发展中国家为改善在国际贸易中的不利地位，通过政策聚拢资金，确定和支持各自的先导和支柱工业，并且承接发达国家的落后产业，这些产业往往带有传统的重工业特征，进一步促使其技术进步偏向资本。发展中国家更多的是通过技术引进来实现技术升级，因此，发展中国家可能并未根据其要素禀赋状况来进行自主创新（张莉等，2012）。

三、纳入能源要素时国际贸易对能源偏向性技术进步影响

随着化石能源的大量使用，全球温室气体排放和污染排放激增，少数学者尝试将能源纳入要素组合中，并将污染排放等"坏产出"纳入函数模型中，研究国际贸易对能源（绿色）偏向性技术进步的影响。

景维民和张璐（2014）在资本、劳动、能源和中间品四要素组合下，基于超越对数成本函数模型，利用中国工业 1999 ~ 2010 年 36 个行业的数据研究表明，进口技术溢出效应导致能源节约型技术进步，而出口技术溢出效应导致能源偏向性技术进步。进出口贸易为什么会对中国绿色技术进步产生的影响存在差异，其背后的机制是什么？景维民和张璐（2014）进一步研究认为，在国内研发努力的配合下，进口贸易对绿色技术进步具有积极作用，而出口贸易往往具有非绿色技术特征，为促进出口而对出口企业缺乏有效的环境管制，出口贸易对绿色技术进步存在消极影响。此外，该研究还注意到外商直接投资对绿色偏向性技术进步的影响。外商直接投资既带来先进的清洁技术，也会在弱环境管制和污染密度较高的技术结构下，强化发展中国家在污染品生产上的比较优势。实证研究表明外商直接投资水平溢出及其后向溢出效应导致能源节约型技术进步，而外商直接投资前向溢出效应导致能源偏向性技术进步。尤济红和王鹏（2016）基于 SBM 的 GML 指数方法测算了中国 1998 ~ 2012 年 30 个省级层面工业部门的绿色技术进步，实证研究表明对外贸易规模扩大有利于促进中国绿色技术进步。需要说明的是，尤济红和王鹏（2016）在测算绿色技术进步时，纳入的是资本和劳动两种要素，其度量和研究的绿色偏向性技术进步是产出偏向性技术进步，而本书关注的是阿西莫格鲁（Acemoglu）发展的要素偏

向性技术进步。鄢哲明等（2016）同样也考虑了绿色技术进步，但由于绿色偏向性技术进步侧重于从产出端来考察，并未涉及要素的属性，与本书使用的要素偏向性技术进步概念并不一致，因此，本章不再将这类文献纳入研究。这也是造成国际贸易对能源（绿色）偏向性技术进步的影响研究偏少的重要原因之一。杨博和王林辉（2022）的研究表明迈向全球价值链高端以及嵌入方式和方向能够促进节能技术进步，主要通过技术外溢、市场竞争、路径依赖和污染转移效应等机制影响技术进步偏向。

四、发展中国家技术进步偏向技能与偏向资本的关系研究

目前，有关国际贸易对技能偏向性技术进步的影响似乎成为贸易与偏向性技术进步之间关系最有分量的主题。然而，对于发展中国家来说，技能劳动是一种稀缺资源，相对于资本来说，其需求与供给缺口可能更大。如果国际贸易更多地促进了发展中国家稀缺资源的生产率而非其丰裕要素的生产率，这对于发展中国家来说是极其不利的，因为在开放条件下大量丰裕而廉价的资源仍然处于低效率利用状态。而根据安东内利（Antonelli，2016）提出的技术一致性理论（technological congruence），技术进步偏向于相对稀缺因而相对昂贵的生产要素，则偏向性技术进步对全要素生产率提升产生消极影响。一般来说，技术进步的要素偏向是在特定的要素组合下进行识别，它是一个相对而非绝对的概念，因而往往不能直接比较；从偏向性技术进步的测算方法来讲，在纳入更多的要素时，采用更加成熟的测算方法时，受制于数据和参数估计有效性问题，定量研究变得更加困难，特别是技术进步偏向可能会发生改变，进而给国际贸易对技术进步偏向的实证研究带来诸多不便。

鉴于此，本节尝试弄清楚的基本问题是开放条件下如何看待发展中国家技术进步偏向技能与偏向资本的关系，以便于确定本书的研究主题。与发达国家主要依靠自主创新实现技术进步相比，发展中国家更多通过技术引进方式实现技术升级。现有研究认为发展中国家的技能偏向性技术进步

可归结为资本偏向性技术进步之中。第一，技能升级论。伯曼和梅钦（Berman & Machin，2000）认为发展中国家对技能工人需求增加不是低技能到高技能的转换，而是产业内的技能升级。第二，产业结构和贸易模式论。克鲁塞尔等（Krusell et al.，2000）认为发展中国家在工业化进程中对技能劳动的需求有所增加，但由于发展中国家普遍处于全球价值链分工的中下游，产业结构主要以低技能密集型工业为主，中间产品贸易模式通常以工业品加工和组装为主，这严重制约了技能偏向性技术进步的形成和成长。因此，国际贸易使发展中国家的技术进步往往偏向于资本而非技能劳动。萨文等（Savin et al.，2012）解释了过去几十年在许多发展中国家和转型经济体存在的资本偏向性技术进步。第三，技术进步体现论。近 30 年来，发展中国家大量引进发达国家技能偏向性技术，可能会诱导发展中国家的技术进步会偏向技能劳动。但是发展中国家的技术进步通常体现在资本性机器和设备之中，技术的回报也包含在资本的回报中，这是将开放条件下发展中国家技能偏向性技术进步归结到资本偏向性技术进步中的重要依据。赵志耘等（2007）利用中国数据研究发现，中国机器设备资本的边际收益远高于世界有形资本的平均收益率，这是因为中国采取大量引进国外的先进技术设备的做法，必然促使技术进步与资本积累融合。从微观角度来看，企业为投资人所有，企业雇用技能劳动、熟练劳动或者非技能、非熟练劳动进行生产和创新，然而，技术发明者得到的报酬通常只是技术创新收入的很小比例（Gancia & Zilibotti，2005）。

中国企业使用的技术大量来自国外引进，技能劳动的边际产出增加更多依赖先进机器、设备的使用，技术与机器、设备的融合导致增加的利润很容易由企业所有（张莉等，2012）。从 20 世纪中后期开始，中国大量进口发达国家的机器设备，据统计，1990~2014 年中国机器设备进口额平均增长率高达 18%。① 随着大量先进设备的引进，技术进步不断融合于物质

---

① 董直庆，蔡啸，王林辉. 财产流动性与分布不均等：源于技术进步方向的解释 [J]. 中国社会科学，2016（10）：72-92.

资本当中，主要借助新机器、新产品或新软件等改变资本的生产效率（董直庆等，2016）。宋丽萍和杨大威（2016）从高技能劳动供给和高技能劳动需求两个方面阐述中国技能偏向性技术进步的反事实特征。该研究表明现阶段中国不存在技能偏向性技术进步，开放经济下中国以制造业为主的产业结构及贸易结构强化了非技能偏向性技术进步。这是因为中国高技能劳动相对投入与发达国家比较仍存在较大差距，而且低技能密集型制造业为主的产业结构及以制造品加工的中间产品贸易形式制约技能偏向性技术进步发生。

第五节　偏向性技术进步与全要素生产率的关系研究

与中性技术进步相比，偏向性技术进步与生产率变化之间的关系和机制要复杂得多。安东内利（Antonelli，2016）的技术一致性理论表明技术进步的要素偏向与要素禀赋的一致性水平高低是偏向性技术进步对 TFP 变化产生积极影响或消极影响的原因和机制。在此基础上，李小平和李小克（2018）基于资本－劳动要素的 CES 生产函数框架得出了非中性技术情境下 TFP 增长率变化取决于偏向性技术进步与要素效率增长、资本深化水平及其增长率之间的协同程度。将偏向性技术进步纳入 TFP 变化分析中是新兴增长核算文献的历史使命，也是有别于传统增长核算文献的基本标志。

第一类文献从要素投入的边际技术替代率出发，认为若技术进步具有希克斯偏向，要素投入之间的边际替代率将受到技术进步的影响，这对应于等产量曲线的非同位移动（non-homothetic shift）（Briec & Peypoch，2007；Barros et al.，2009，2011），因此，若技术进步是有偏向的，它将影响要素投入对于生产过程效率的相对贡献，也将改变全要素生产率。该类文献摒弃了参数法的约束，基于 DEA 非参数方法，法尔和格罗斯科夫（Färe & Grosskopf，1996）、法尔等（Färe et al.，1997）在规模报酬不变假设下，从 Malmquist 生产率指数中分解出要素投入偏向性技术进步指数，来识别要素偏向性技术进步对全要素生产率变化的影响方向及贡献度；在此基础上，于明敏和徐嘉珠（Yu & Hsu，2012）进一步将其扩展到规模报酬可变的情形。布里克和佩波赫（Briec & Peypoch，2007）首次将法尔等（Färe et al.，1997）的研究扩展到衡量多产出情形的 Luenberger 生产率指数，其分解的要素投入偏向性技术进步指数同样适用于量化偏向性技术进步的全要素生产率增长效应。偏向性技术进步使等产量曲线朝着特定的要素投入或者要素产出移动，等产量曲线之间的距离依赖于方向的选择，若使用单一方向来衡量，只能局部地捕捉技术进步，而技术进步实质上是全局现象。沟渊秀幸（Mizobuchi，2015）进一步提出利用两个方向衡量等产量曲线之间距离的全局技术进步指数，在规模报酬不变时，该指数是 Malmquist 生产率指数和 Hicks-Moorsteen 生产率指数的几何平均值，它能够解释偏向性技术进步对全要素生产率变化的影响。

基于 DEA 法的 Malmquist 生产率指数、Luenberger 生产率指数均无须对技术进步施加先验的函数形式假定，也无须对要素投入报酬施加限制性假设，在价格扭曲或不存在价格信息情况下尤其有用，还无须假定无效率误差项的分布形式。纵然，基于 DEA 的这些改进方法在量化要素偏向性技术进步对全要素生产率变化的影响时具有一定合理性，但它主要存在两方面的不足：一是它无法继续对要素偏向性技术进步项进一步分解，不能解释偏向性技术进步的决定因素和影响机制，因而无法进一步揭示偏向性技术进步的生产率效应产生的根源和机制；二是它实际上仅能够测算偏向性技术进步对全要素生产率变化的总效应，尚无法实现对该效应的进一步分解，对偏向性技术进步的生产率效应难以做出细致刻画。

第二类文献是要素增强型 CES 生产函数框架的研究。其典型特征是在经典的偏向性技术进步研究框架下，根据阿西莫格鲁（Acemoglu，2002）关于偏向性技术进步的定义，将固定替代弹性和要素效率增长率变化视为偏向性技术进步的信号，在完全竞争、规模报酬不变的假设下，从要素增强型 CES 生产函数中推导出偏向性技术进步指数，研究偏向性技术进步下 TFP 增长率的变化及其驱动机制。该支文献可以追溯至克勒姆等（Klump et al. ，2007，2012）、勒昂－莱德斯马等（Le'on-Ledesma et al.，2010，2015）的思路，主要以雷钦礼和徐家春（2015）、钟世川和毛艳华（2017）、封永刚等（2017）、李小平和李小克（2018）、袁礼和欧阳峣（2018）、余东华等（2019）等为代表，推动了偏向性技术进步对 TFP 增长率的影响及其作用机制分析。该支文献实际上是基于要素增强型 CES 生产函数构建增长核算方法，偏向性技术进步与 TFP 之间的关系是清晰而明确的。

此外，有别于中性技术进步的增长核算，偏向性技术进步的新增长核算文献（Antonelli & Quatraro，2010，2014；Antonelli & Scellato，2015；Antonelli，2016；Feder，2017a，2018b）将时变产出弹性或时变要素份额视为偏向性技术进步的线索，重新定义并修正索洛（Solow，1957）的"理论产出"，以纳入偏向性技术进步对 TFP 水平变化的影响，尝试建立新的增长核算理念和体系。李小克和李小平（2022）引入新增长核算提出的"Solow 理论产出"和"二次理论产出"概念，首次构建出偏向性技术进步情境下衡量 TFP 的要素增强型 C-D 生产函数，将偏向性技术进步对 TFP 的影响从要素投入对产出的影响中干净地剥离；提出了偏向性技术进步情境下 TFP 的测度模型及其多种典型效应分解，从单位要素生产率变化、要素边际产出变化和异质性纯技术进步效应变化等新角度刻画偏向性技术进步情境下 TFP 增长率的来源和形成机制。

相比较而言，基于要素增强型 CES 生产函数框架的文献考察偏向性技术进步与 TFP 的关系，与经典的偏向性技术进步理论模型使用的工具具有一致性，偏向性技术进步与 TFP 之间具有明确的逻辑关系，因此，本书采用该框架进行分析。需要说明的是，现有文献中偏向性技术进步与要素投入结构和要素效率水平之间的关系呈现碎片化，并未对偏向性技术进步的适宜性进行考虑。该类文献的进一步扩展之处在于，聚焦偏向性技术进步与有效要素投入结构之间的适宜性，在适宜性偏向性技术进步效应和要素增强型技术进步效应层面深化偏向性技术进步与偏向性技术进步情境下 TFP 之间的深层次逻辑关系。

第六节 本 章 评 述

与内生技术进步理论融合，偏向性技术进步的研究取得了极大的成功。本章沿着偏向性技术进步理论，在对偏向性技术进步及其识别结果、偏向性技术进步指数测算方法、偏向性技术进步的决定及其影响因素、偏向性技术进步与 TFP 关系研究的文献进行梳理和评价的基础上，进一步总结了开放条件下国际贸易对偏向性技术进步的影响。然而，现有文献仍然有以下可以进一步完善的地方。

第一，国际贸易对技术进步在资本与劳动之间偏向的影响研究在理论与实证方向上均存在不足。目前，大量的研究更多地围绕偏向性技术进步的后果展开研究，鲜有文献对偏向性技术进步的影响因素进行研究（Acemoglu，2002；张莉等，2012；邓明，2014；杨振兵，2015，2016a），有关国际贸易对偏向性技术进步影响的理论研究文献（Acemoglu，1998，2003；Thoenig & Verdier，2003；Decreuseand & Maarek，2008；Gancia et al.，2011）更多的是借助于国际贸易对技能偏向性技术进步的影响来揭示技能溢价之谜、工资差距收入差距等问题。换句话说，现有研究集中考察了国际贸易对技术进步在技能劳动与非技能劳动之间偏向的影响。目前，相对缺乏国际贸易对偏向性技术影响的专门研究（Epifani & Gancia，2008），而且鲜有涉及国际贸易对技术进步在资本与劳动之间偏向的影响研究，这与当前不少研究仅在资本与劳动要素组合下识别技术进步偏向形成鲜明对比。此外，不少研究并未区分国际贸易方向或仅考虑单一的贸易流向（陈欢和王燕，2015），这也为本书研究工作提供了更多空间。

本书选择在资本与劳动这对最基本的要素组合下，研究国际贸易对偏向性技术进步的影响。本书沿着阿西莫格鲁（Acemoglu，2002）提出的偏向性技术进步理论框架，借鉴国际贸易对技能偏向性技术进步影响的理论模型（Acemoglu，2003；Thoenig & Verdier，2003；Epifani & Gancia，2008；

Gancia et al.，2011；Acemoglu et al.，2015），将其改造和扩展为国际贸易对技术进步在资本与劳动之间偏向影响的理论模型，构建了资本与劳动要素组合下国际贸易影响偏向性技术进步的理论分析框架。与此同时，本书将以中国制造业行业为研究对象，首先考察了不同流向的国际贸易对中国制造业行业偏向性技术进步的影响，然后，进一步分析了不同流向的国际贸易对中国制造业行业偏向性技术进步情境下 TFP 的影响，在此基础上，研究了不同流向的国际贸易对中国制造业行业偏向性技术进步情境下 TFP 的作用机制。

第二，利用标准化 CES 生产函数法识别偏向性技术进步在国际贸易与偏向性技术进步之间关系的实证研究中相对不足。现有研究主要利用标准化 CES 生产函数法识别偏向性技术进步，鲜有研究将其运用于国际贸易对偏向性技术进步影响的实证研究。标准化 CES 生产函数法在克勒姆等（Klump et al.，2007，2012）、勒昂－莱德斯马等（Le'on-Ledesma et al.，2010，2015）的推动下迅速成为西方学术界识别和量化研究偏向性技术进步的重要工具，该方法自戴天仕和徐现祥（2010）用于研究中国技术进步偏向后，目前受到了国内学者的关注（陆雪琴和章上峰，2013；王林辉等，2014；孔宪丽等，2015；陈晓玲等，2015；郑猛，2016；钟世川毛艳华，2017；邓明，2017）。

相对 DEA、超越对数函数和可变要素份额法，勒昂－莱德斯马等（Le'on-Ledesma et al.，2010）认为基于 CES 生产函数的方法在识别和量化偏向性技术进步上具有重要的性质。一是 CES 生产函数是现代增长理论文献中广泛使用的函数形式，建立在 CES 生产函数基础上的标准化供给面系统能够有效和一致地识别替代弹性与要素增强型技术进步；二是标准化 CES 生产函数法能够有效识别偏向性技术进步的全部参数——替代弹性与要素增强型技术进步，与阿西莫格鲁（Acemoglu，2002）经典的偏向性技术进步定义及理论框架完全吻合，从而更好地实现了偏向性技术进步的理论研究与实证研究之间的衔接。尽管 DEA、超越对数函数、VES 生产函数的形式更加灵活，且要素替代弹性具有时变性，然而，这些函数形式估计时产生大量的问题，当考虑偏向性技术进步时，参数的有效性下降。

鉴于标准化 CES 生产函数法在识别和量化偏向性技术进步领域中的优势，本书将其运用于国际贸易对偏向性技术进步影响的实证研究，对国际贸易影响偏向性技术进步的实证文献进行了有益补充。具体而言，本书将遵循阿西莫格鲁（Acemoglu，2002）有关偏向性技术进步的经典定义，从非线性要素增强型 CES 生产函数推导出偏向性技术进步指数，运用克勒姆等（Klump et al.，2007，2012）、勒昂－莱德斯马等（Le'on-Ledesma et al.，2010，2015）的估计方法，利用偏向性技术进步实证研究成果——标准化供给面系统法，识别中国制造业行业技术进步在资本与劳动之间的偏向，国际贸易对偏向性技术进步的影响研究将建立在这一基础之上。

第三，当前对国际贸易引起的偏向性技术进步之利弊得失缺乏关注。偏向性技术进步并非国际贸易和生产活动的最终目的，有利于提高全要素生产率的偏向性技术进步更加重要，后者关系到国际贸易活动所影响的资源配置效率。然而，偏向性技术进步并非意味着全要素生产率增长。阿西莫格鲁（Acemoglu，2002）曾指出偏向高技能的研发投入导致其他领域的研发投入减少，从而使 TFP 下降。安东内利（Antonelli，2016）提出的技术一致性理论表明若技术进步偏向于相对稀缺因而相对昂贵的生产要素，该种要素偏向性技术进步对全要素生产率提升产生消极影响；若技术进步偏向于相对丰裕因而相对便宜的生产要素，该种要素偏向性技术进步促进全要素生产率的增长。因此，进一步研究偏向性技术进步与全要素生产率之间的关系，这既可以为开放条件下识别国际贸易影响的偏向性技术进步之利弊得失提供一个可行的判断，也是对国际贸易的技术溢出效应研究的有益补充。

本书将从偏向性技术进步的角度，进一步研究了国际贸易对偏向性技术进步情境下全要素生产率变化产生了哪些影响，以及产生这些影响的作用机制，以更好地识别国际贸易引起的技术进步偏向之利弊得失。本书遵循阿西莫格鲁（Acemoglu，2002）关于偏向性技术进步的经典定义，从非线性 CES 生产函数推导出偏向性技术进步指数，扩展了克勒姆等（Klump et al.，2007，2012）、勒昂－莱德斯马等（Le'on-Ledesma et al.，2010，2015）的生产率研究框架，利用 Kmenta 近似技术从标准化 CES 生产函数中分离出具有技术进步偏向的 TFP 函数，并融合了新兴的技术一致性理论，从理论上揭示了技术进步偏向及其程度对 TFP 增长的影响及其作用机理，并进行了相关实证研究。

第三章

国际贸易影响偏向性技术进步的理论模型

20 世纪 30 年代，以希克斯（Hicks，1932）为代表的学者已注意到技术进步可能导致不同要素边际生产率的非均衡增长。然而，早期的偏向性技术进步研究因缺乏微观基础迅速被外生的中性技术进步研究替代（So-low，1957；Arrow，1962）。20 世纪 80 年代末以来，技术进步内生化研究取得了极大进步（Lucas，1988；Romer，1990；Grossman & Helpman，1991；Aghion & Howitt，1992）。不过这些研究仍然建立在中性技术进步基础上。20 世纪 90 年代末以来，以阿西莫格鲁（Acemoglu）为代表的学者借助内生技术进步理论框架，对技术进步偏向的决定及其影响展开一系列研究，逐步建立了偏向性技术进步理论。偏向性技术进步理论为解释诸多经济社会现象提供了新的研究方法和分析工具，被广泛应用于宏观经济学、发展经济学、劳动经济学、环境经济学等领域。

在国际贸易领域中，通过构建理论模型研究国际贸易如何影响技能偏向性技术进步（Acemoglu，1998，1999，2002，2003；Thoenig & Verdier，2003；Epifani & Gancia，2008；Decreuseand & Maarek，2008；Gancia et al.，2011；Acemoglu et al.，2015），进而揭示技能溢价之谜、要素收入份额变化和国家间收入差距现象。其中，阿西莫格鲁（Acemoglu，2002）系统研究了技术进步偏向，阐明了偏向性技术进步发生的原因、机制及影响，提出的偏向性技术进步理论分析框架成为该领域的经典之作。

为研究资本与劳动要素组合下国际贸易对偏向性技术进步影响及其作用机制，本章借鉴了阿西莫格鲁（Acemoglu，2002）的研究框架，并融入了阿西莫格鲁（Acemoglu，1998）、甘西亚和邦飞利奥利（Gancia & Bonfiglioli，2008）、阿吉翁和豪威特（Aghion & Howitt，2009）、杨飞（2014）、阿西莫格鲁等（Acemoglu et al.，2015）等有关知识产权保护情境下的分析，构建了一个包含两国（发达国家和发展中国家）、两部门（资本密集型部门和劳动密集型部门）、两种要素（资本和劳动）的模型。其基本假设是在无限期的经济中，发达国家和发展中国家两个代表性国家，它们分别具有各自的资本密集型部门和劳动密集型部门并且生产一种最终产品；发达国家是技术创新国家，完全依靠研发新技术，并且能够出口新技术（机器设备）；发展中国家为技术模仿国，技术进步主要依靠向发达国家购买，且存在不完全的知识产权保护，为符合现实，还假设发展中国家具有一定模仿和研发能力。

本章的理论研究表明：第一，在技术垄断市场中，如果发展中国家与发达国家的技术水平完全相同，则国际贸易通过影响产品价格进而促进资本增强型技术进步，技术进步偏向于资本还是劳动取决于在资本－劳动替代弹性。第二，在两国技术水平存在差距的情况下不同，国际贸易通过价格效应、市场规模效应和市场窃取效应影响资本增强型技术进步。当发展中国家不存在知识产权保护时，国际贸易通过价格效应和市场窃取效应推动资本增强型技术进步；当发展中国家知识产权保护较低时，贸易开放产生的市场规模效应小于价格效应和市场窃取效应，贸易开放仍有利于资本增强型技术进步；当发展中国家知识产权保护较高时，贸易开放后导致的市场规模效应大于价格效应与市场窃取效应值之和，随着全球劳动相对供给增加，贸易开放导致劳动增强型技术进步。再结合要素替代弹性与要素增强型技术进步的关系，可以进一步判断技术进步偏向。

第一节　基 准 模 型

一、最终产品生产

假设经济中代表性消费者具有相对风险厌恶不变的（CRRA）效用函数：

$$\int_0^\infty \frac{C(t)^{1-\theta}-1}{1-\theta}e^{-\rho t}\mathrm{d}t \tag{3-1}$$

式（3－1）中，ρ 为贴现因子，θ 为相对风险厌恶系数。为简化分析，去掉时间参数，则家庭部门面临的预算约束为：

$$C+I+RD \leqslant Y = \left[\gamma Y_L^{\frac{\varepsilon-1}{\varepsilon}} + (1-\gamma)Y_K^{\frac{\varepsilon-1}{\varepsilon}}\right]^{\frac{\varepsilon}{\varepsilon-1}} \tag{3-2}$$

式（3－2）中，C、I、RD 分别代表消费、投资和研发支出（R&D），最终产品 Y 采用 CES 生产函数形式，ε 为中间品的替代弹性，λ 代表两种产品在总产品中重要程度的分布参数。该式表示不存在庞氏骗局条件下，代表性消费者的终生预算能够满足，消费、投资和研发支出来自劳动密集型产品 Y_L 和资本密集型产品 Y_K 生产的最终产品 Y，因此，式（3－2）不等式的右边是最终产品的生产函数。

二、中间品生产

假设每种中间品的生产需要在机器的配合下大量使用特定的生产要素，且生产具有规模经济不变的特征，则劳动密集型产品 Y_L 和资本密集型产品 Y_K 生产的生产函数可以表示为：

$$Y_L = \frac{1}{1-\beta}\left[\int_0^{N_L} x_L(j)^{1-\beta}\mathrm{d}j\right]L^\beta \tag{3-3}$$

$$Y_K = \frac{1}{1-\beta} \Big[\int_0^{N_K} x_K(j)^{1-\beta} \mathrm{d}j \Big] K^{\beta} \qquad (3-4)$$

式（3-3）和式（3-4）中，$\beta \in (0, 1)$，L、K 分别为劳动和资本投入，x_L、x_K 分别为劳动增强型和资本增强型机器的数量，N_L、N_K 分别为中间品 Y_L、Y_K 生产中各自使用的机器变化。由于两种中间产品生产所使用的机器不同，这意味着技术进步是有偏向的，N_L 和 N_K 的变化表示要素的物质生产率变化，因而可以代表劳动增强型技术进步和资本增强型技术进步。[①] 特别地，给定 N_L 和 N_K，式（3-3）和式（3-4）的中间品生产函数表现为规模报酬不变。当 N_L 和 N_Z 内生时，式（3-3）和式（3-4）的中间品生产函数表现为规模报酬递增。

三、技术生产

发明新机器的企业对专利具有独占权，为市场上唯一的技术供给者。假定两部门中各自使用的机器由技术垄断者供给，且只有最终产品被用于形成新发明（机器）。考虑如下技术生产函数：

$$\dot{N}_L = \eta_L RD_L \qquad (3-5)$$

$$\dot{N}_K = \eta_K RD_K \qquad (3-6)$$

式（3-5）和式（3-6）中，RD_L、RD_K 分别为劳动密集型产品和资本密集型产品上的研发支出，参数 η_L 和 η_K 表示两种技术类型的创新成本不同。式（3-5）的含义是用于研发偏向劳动增强型技术（机器）的一单位最终产品可以形成 η_L 数量的劳动增强型机器新种类，式（3-6）的含义是用于研发偏向资本增强型技术（机器）的一单位最终产品可以形成 η_K 数量的劳动增强型机器新种类。

---

① 在中间品生产函数和新技术（机器）生产函数中，N_L 和 N_K 的含义采用使用机器变化表示，在涉及技术进步偏向时，将其表述为要素增强型技术进步，换句话说是要素效率变化。

第二节　自给自足均衡

在自给自足经济中，市场为竞争性的，技术垄断者的利润函数是关于机器价格和两部门对机器需求数量的函数，厂商生产最终产品的利润函数是关于机器数量、要素价格、中间品价格的函数；技术垄断者和生产厂商最大化各自的利润，市场出清。为便于展示分析过程，为简化分析，首先考虑给定 N_L 和 N_K，假定机器在使用之后折旧，且对所有机器生产的边际成本相等，它等于 ψ。在此基础上进一步讨论 N_L 和 N_K 的内生决定。

一、最终产品生产厂商的最优决策

在竞争性市场，对式（3-2）使用 FOC 条件得到市场出清时两种中间投入品的相对价格 p：

$$p = \frac{p_K}{p_L} = \frac{1-\gamma}{\gamma}\left(\frac{Y_K}{Y_L}\right)^{-\frac{1}{\varepsilon}} \tag{3-7}$$

式（3-7）中，相对于 Y_L，Y_K 的供给量越多，相对价格 p 越低，相对价格对于相对供给的反应程度依赖于中间投入产品之间的替代弹性 ε。

以最终产品的价格为计量单位，则有：

$$\left[\gamma^{\varepsilon}p_L^{1-\varepsilon} + (1-\gamma)^{\varepsilon}p_K^{1-\varepsilon}\right]^{\frac{1}{1-\varepsilon}} = 1 \tag{3-8}$$

劳动密集型部门和资本密集型部门的厂商各自面临的最大化问题：

$$\max\pi_{L,\{x_L(j)\}} = p_L Y_L - \omega_L L - \int_0^{N_L}\chi_L x_L(j)\,\mathrm{d}j \tag{3-9}$$

$$\max\pi_{K,\{x_K(j)\}} = p_K Y_K - \omega_K K - \int_0^{N_K}\chi_K x_K(j)\,\mathrm{d}j \tag{3-10}$$

式（3-9）和式（3-10）中，p_L、p_K 分别表示劳动密集型部门和资本密集型部门的中间品价格，$x_L(j)$、$x_K(j)$ 分别为劳动密集型部门和资本密集型部门各自的机器租金价格，Y_L、Y_K 分别由式（3-3）和式（3-4）

给定。

将式（3-3）和式（3-4）分别代入式（3-9）和式（3-10），根据厂商面临的最大化问题，利用关于 $x_L(j)$、$x_K(j)$ 的 FOC 条件，得到两部门对机器的需求量：

$$x_L(j) = \left[\frac{p_L}{\chi_L(j)}\right]^{\frac{1}{\beta}} L \qquad (3-11)$$

$$x_K(j) = \left[\frac{p_K}{\chi_K(j)}\right]^{\frac{1}{\beta}} K \qquad (3-12)$$

式（3-11）和式（3-12）均表明机器需求数量随着中间产品价格水平和要素投入数量的提高而增加，随着机器价格的增加而下降。

分别利用式（3-3）和式（3-4）关于 L 和 K 的 FOC 条件，得到要素的价格函数（单位要素报酬函数）：

$$\omega_L = \frac{\beta}{1-\beta} p_L \left(\int_0^{N_L} x_L(j)^{1-\beta} \mathrm{d}j\right) L^{\beta-1} \qquad (3-13)$$

$$\omega_K = \frac{\beta}{1-\beta} p_K \left(\int_0^{N_K} x_K(j)^{1-\beta} \mathrm{d}j\right) K^{\beta-1} \qquad (3-14)$$

二、技术垄断者的最优决策

假设技术垄断者生产机器的边际成本相同且均为 ψ，则生产劳动增强型和资本增强型机器 j 的技术垄断者利润函数分别为：

$$\pi_L(j) = [\chi_L(j) - \psi] x_L(j) \qquad (3-15)$$
$$\pi_K(j) = [\chi_K(j) - \psi] x_K(j) \qquad (3-16)$$

式（3-15）和式（3-16）中，分别求利润函数关于机器价格的 FOC 条件，可得到机器价格函数：

$$\chi_L(j) = \chi_K(j) = \frac{\psi}{(1-\beta)} \qquad (3-17)$$

将边际成本标准化为 $\psi = 1-\beta$，则均衡时不同机器的数量由 $\chi_L(j) = \chi_K(j) = 1$ 表示。

利用式（3-17）的机器价格函数，结合式（3-11）和式（3-12）的机器需求函数，进一步改写技术垄断者的利润函数：

$$\pi_L = \beta p_L^{1/\beta} L \qquad (3-18)$$

$$\pi_K = \beta p_K^{1/\beta} K \qquad (3-19)$$

技术垄断者利润的净现值由标准化动态规划方程表示：

$$rV_L - \dot{V}_L = \pi_L \qquad (3-20)$$

$$rV_K - \dot{V}_K = \pi_K \qquad (3-21)$$

式（3-20）中，r 是利率，随时间可变。该式将未来时期利润的贴现值 V 与现期利润 π，其中 $\dot{V}$ 表示的是未来时期利润的变化。

三、均衡方程

假设现期利润和利率不变，均衡时 $\dot{V}=0$，则两部门各自的利润贴现值函数为：

$$V_L = \frac{\beta p_L^{1/\beta} L}{r} \qquad (3-22)$$

$$V_K = \frac{\beta p_K^{1/\beta} K}{r} \qquad (3-23)$$

将式（3-11）代入式（3-3），式（3-12）代入式（3-4）得：

$$Y_L = \frac{1}{1-\beta} p_L^{(1-\beta)/\beta} N_L L \qquad (3-24)$$

$$Y_K = \frac{1}{1-\beta} p_K^{(1-\beta)/\beta} N_K K \qquad (3-25)$$

将式（3-24）和式（3-25）代入（3-7）得到由相对技术水平 N_K/N_L 和相对要素供给 K/L 表示的相对产品价格函数：

$$p = \frac{p_K}{p_L} = \left(\frac{1-\gamma}{\gamma}\right)^{\frac{\beta\varepsilon}{\sigma}} \left(\frac{N_K}{N_L} \times \frac{K}{L}\right)^{-\frac{\beta}{\sigma}} \qquad (3-26)$$

式（3-26）中，ε 表示中间品 Y_L 和 Y_K 之间的替代弹性，σ 是要素 K 和 L 之间的替代弹性，两者满足：$\sigma = \varepsilon - (\varepsilon-1)(1-\beta)$。显然，有且仅当

$\varepsilon > 1$ 时，则 $\sigma > 1$，即有且仅当两种中间品是替代品时，两要素也表现为替代关系。类似地，有且仅当 $\varepsilon < 1$ 时，则 $\sigma < 1$，即有且仅当两种中间品为互补品时，两要素表现为互补关系。

利用式（3-22）、式（3-23）和式（3-26），得到生产资本增强型机器的相对利润：

$$\frac{V_K}{V_L} = \left(\frac{p_K}{p_L}\right)^{1/\beta} \frac{K}{L} = \underbrace{p^{1/\beta}}_{\text{价格效应}} \underbrace{\frac{K}{L}}_{\text{市场规模效应}} = \left(\frac{1-\gamma}{\gamma}\right)^{\frac{\varepsilon}{\sigma}} \left(\frac{N_K}{N_L}\right)^{-\frac{1}{\sigma}} \left(\frac{K}{L}\right)^{\frac{\sigma-1}{\sigma}} \quad (3-27)$$

式（3-27）表明两类机器发明的相对利润由价格效应和市场规模效应共同决定。根据替代弹性的取值，讨论下面三种情形：

情形（1）：若要素替代弹性 $\sigma > 1$，即两要素或两中间品在生产中存在替代关系时，资本的相对要素供给 K/L 上升，提高了资本增强型机器的相对利润 V_Z/V_L。这意味着技术垄断者有利润刺激去提高相对丰裕要素的生产率。因此，技术进步偏向于资本。

情形（2）：若两要素替代弹性 $\sigma < 1$，即两要素或两中间品在生产中存在替代关系，资本的相对要素供给 K/L 上升，降低了资本增强型机器的相对利润 V_Z/V_L。这意味着技术垄断者有利润刺激去提高相对稀缺要素的生产率。因此，技术进步偏向劳动。

情形（3）：若两要素替代弹性 $\sigma = 1$，即两中间品的替代弹性也等于 1，资本的相对要素供给 K/L 变化，不影响资本增强型机器的相对利润 V_Z/V_L。因此，技术进步是希克斯中性。

显然，要素替代弹性（等价于中间产品替代弹性）决定了价格效应与市场规模效应的力量对比。当要素为替代品时，市场规模效应占主导地位；当要素为互补品时，价格效应占主导地位。

现在讨论式（3-27）中，N_L 和 N_K 的均衡解。在平衡增长路径上，产品相对价格不变，技术进步 N_L 和 N_K 以相同的速度增长，这意味着式（3-20）和式（3-21）中的 $\dot{V}$ 等于零，V_K/V_L 不变，而且 V_K/V_L 应等于式（3-5）和式（3-6）中的 η_L/η_K，从而技术垄断者愿意在两个部门供应技术。技术市场出清条件为：

$$\eta_L \pi_L = \eta_K \pi_K \tag{3-28}$$

式（3-28）表明技术垄断者生产劳动增强型技术和资本增强型技术获取的利润是相同的。定义 $\eta = \eta_Z/\eta_L$，利用（3-18）、式（3-19）和式（3-26），进一步改写技术市场出清条件：

$$\frac{N_K}{N_L} = \eta^\sigma \left(\frac{1-\gamma}{\gamma} \right)^\varepsilon \left(\frac{K}{L} \right)^{\sigma-1} \tag{3-29}$$

式（3-29）意味着技术进步偏向是内生的，技术进步 N_K/N_L 的相对偏向由要素相对供给和要素替代弹性决定。按照替代弹性的取值，讨论下面三种情形：

情形（1）：若要素替代弹性 $\sigma > 1(\varepsilon > 1)$，相对要素供给 K/L 上升，提高相对物质生产率 N_K/N_L。因此，技术进步将内生地偏向于丰裕的生产要素（资本）。

情形（2）：替代弹性 $\sigma < 1(\varepsilon < 1)$，相对要素供给 K/L 上升，降低相对物质生产率 N_K/N_L。因此，技术进步将内生地偏向于稀缺的生产要素（劳动）。

情形（3）：替代弹性 $\sigma = 1(\varepsilon = 1)$，相对要素供给 K/L 的变化不影响相对物质生产率 N_K/N_L 的变化。因此，技术进步是希克斯中性的。

第三节　国际贸易均衡

为方便分析，发展中国家与发达国家的最终产品生产函数是对称的。从本节起，为区分国家，将前面的分析作为发达国家的研究框架，下文涉及发展中国家的框架时均加注上标。例如，K、L 分别表示发达国家的资本投入和劳动投入，则 K'、L' 分别表示发展中国家的资本投入和劳动投入。发展中国家的显著特征是资本深化水平偏低，因此，$K'/L' < K/L$。为接近于实际，本书考虑了知识产权保护的情形，将技术市场区分为垄断市场和

寡头市场两种情况。其中，在垄断市场中，发展中国家无模仿能力，只能购买发达国家的技术，这意味着两国的技术水平完全相同。而在寡头市场，假设发达国家为技术领先国家，发展中国家为技术模仿国家，因而各自的技术生产函数不完全相同。

一、技术垄断市场

假设发展中国家企业技术基础薄弱，无法进行研发，需向发达国家的企业支付 $\kappa^{-\beta/(1-\beta)}$ 倍的价格。若双方不进行贸易，根据式（3-24）和式（3-25），发展中国家的中间品生产函数可表示为：

$$Y'_{L'} = \frac{p'^{(1-\beta)/\beta}_L \kappa N_L L'}{1-\beta} \qquad (3-30)$$

$$Y'_K = \frac{p'^{(1-\beta)/\beta}_K \kappa N_K K'}{1-\beta} \qquad (3-31)$$

式（3-30）和式（3-31）中，p' 表示发展中国家的中间品价格，由于中间品生产使用的要素比例不同，且无国际贸易，因此，发展中国家的中间品价格与发达国家的不同。$\kappa < 1$ 意味着发展中国家机器价格比发达国家高，且更少地使用机器生产。由于假设发展中国家能够复制发达国家的技术，因此 $N'_L = N_L$、$N'_K = N_K$。不存在国际贸易时，北方的资本密集型产品的相对价格由式（3-26）给定；当资本偏向性技术进步是内生时，N_K/N_L 由式（3-29）给出。

贸易与经济增长的文献表明贸易模式影响技术进步速度（Grossman & Helpman，1991）。因此，国际贸易将影响技术进步的要素偏向。假设发展中国家与发达国家进行贸易，且产品贸易不存在成本，知识产权结构不变。国际贸易将使资本密集型产品形成一个单一的世界相对价格 p^W。

资本密集型产品的总供给为：

$$Y^W_K = p^{W(1-\beta)/\beta}_K N^W_K \frac{K + \kappa K'}{1-\beta} \qquad (3-32)$$

劳动密集型产品的总供给为：

$$Y_L^W = p_L^{W(1-\beta)/\beta} N_L^W \frac{L + \kappa L'}{1 - \beta} \tag{3-33}$$

将式（3-32）和式（3-33）代入式（3-26），则资本密集型产品和劳动密集型产品的世界相对价格为：

$$p^W = \frac{p_K^W}{p_L^W} = \left(\frac{1-\gamma}{\gamma}\right)^{\frac{\beta\varepsilon}{\sigma}} \left[\frac{N_K^W(K + \kappa K')}{N_L^W(L + \kappa L')}\right]^{-\frac{\beta}{\sigma}} = \left(\frac{1-\gamma}{\gamma}\right)^{\frac{\beta\varepsilon}{\sigma}} \left(\lambda^{-1} \frac{N_K^W K}{N_L^W L}\right)^{-\frac{\beta}{\sigma}}$$

$$\tag{3-34}$$

式（3-34）中，$\lambda = (K/L)[(K + \kappa K')/(L + \kappa L')]$。由于 $K'/L' < H/L$，因此，$\lambda > 1$。鉴于世界经济中资本是稀缺的，贸易开放将增加北方资本密集型产品的相对价格，即 $p^W > p$，这是标准贸易理论的直接含义。

与标准贸易理论不同的是产品价格变化会影响技术进步偏向。由于假设贸易并不影响知识产权结构，技术的市场规模不变，因此，贸易影响产品价格进而影响技术进步偏向。由于技术市场出清，式（3-28）的条件满足。结合资本密集型产品的相对价格，现在由式（3-34）给定，关于式（3-28）市场出清条件，可以得到：

$$\frac{N_K^W}{N_L^W} = \eta^\sigma \lambda \left(\frac{1-\gamma}{\gamma}\right)^\varepsilon \left(\frac{K}{L}\right)^{\sigma-1} \tag{3-35}$$

与式（3-29）相比，由于 $\lambda > 1$，贸易开放后，资本的物质生产率比劳动的物质生产率增加得多。进一步来看，只有当 $\sigma > 1$ 时，贸易引起 N_K^W/N_L^W 的增加意味着存在资本偏向性技术进步；相反，若 $\sigma < 1$，贸易引起 N_K^W/N_L^W 的增加表明存在劳动偏向性技术进步。

二、技术寡头市场

在技术垄断市场，考虑到发达国家与发展中国家的技术进步水平存在差距，借鉴阿吉翁和豪威特（Aghion & Howitt，2009）的研究思路，假设发达国家为技术领先国家，发展中国家为技术模仿国家。贸易开放后，发达国家的垄断技术厂商生产资本增强型机器和劳动增强型机器的预期利润分别为：

$$E(\pi_L) = \xi [L + \theta(1 - \xi')L']\beta(p_L)^{\frac{1}{\beta}} + (1 - \xi)(1 - \xi')L\beta(p_L)^{\frac{1}{\beta}} - RD(\xi)$$

$$(3-36)$$

$$E(\pi_K) = \xi [K + \theta(1 - \xi')K']\beta(p_K)^{\frac{1}{\beta}} + (1 - \xi)(1 - \xi')K\beta(p_K)^{\frac{1}{\beta}} - RD(\xi)$$

$$(3-37)$$

式（3-36）和式（3-37）中，$\theta \in [0, 1]$ 为知识产权保护程度，若知识产权保护越薄弱，θ 的值越小；ξ 为技术进步或技术创新成功的概率，$RD(\xi)$ 为研发投入，它是技术创新概率的函数。若发达国家的企业技术创新成功，而发展中国家的企业技术创新失败，则发达国家的企业获得世界市场份额；若发达国家和发展中国家的企业技术创新均失败，则发达国家以原来的技术取得国内市场。

在寡头市场，企业选择研发投入以获得利润最大化。对式（3-36）和式（3-37）分别求关于创新概率 ξ 的 FOC 条件，得到无套利方程：

$$[L + \theta(1 - \xi')L']\beta(p_L)^{\frac{1}{\beta}} - (1 - \xi')L\beta(p_L)^{\frac{1}{\beta}} = \frac{\partial RD(\xi)}{\partial \xi} \quad (3-38)$$

$$[K + \theta(1 - \xi')K']\beta(p_K)^{\frac{1}{\beta}} - (1 - \xi')K\beta(p_K)^{\frac{1}{\beta}} = \frac{\partial RD(\xi)}{\partial \xi} \quad (3-39)$$

在平衡增长路径上，资本密集型部门和劳动密集型部门的研发支出增长率相等。根据式（3-38）和式（3-39）得到资本密集型产品和劳动密集型产品的相对价格：

$$\left(\frac{p_K}{p_L}\right)^{\frac{1}{\beta}} \frac{\xi'K + \theta(1 - \xi')K'}{\xi'L + \theta(1 - \xi')L'} = 1 \quad (3-40)$$

重新改写式（3-26），得到资本密集型产品和劳动密集型产品的世界相对价格为：

$$p^W = \frac{p_Z^W}{p_L^W} = \left(\frac{1 - \gamma}{\gamma}\right)^{\frac{\beta\varepsilon}{\sigma}} \left(\frac{N_K K + K'}{N_L L + L'}\right)^{-\frac{\beta}{\sigma}} \quad (3-41)$$

利用式（3-40）和式（3-41）联立求解，得到北方国家的相对技术水平：

$$\frac{N_Z}{N_L} = \left(\frac{1-\gamma}{\gamma}\right)^{\varepsilon}\left[\frac{\xi'K+\theta(1-\xi')K'}{\xi'L+\theta(1-\xi')L'}\right]^{\sigma}\left(\frac{K+K'}{L+L'}\right)^{-1} \qquad (3-42)$$

式（3-42）中，N_K/N_L 上升，则技术进步为资本增强型技术进步，N_K/N_L 下降，则技术进步为劳动增强型技术进步。根据阿西莫格鲁（Acemoglu，2002）的观点，在资本与劳动替代弹性 $\sigma > 1$ 时，N_K/N_L 上升意味着技术进步偏向资本；在资本与劳动替代弹性 $\sigma < 1$ 时，N_K/N_L 上升表明资本增强型技术进步导致超额的劳动需求，最终使劳动的边际产出增加更多，因此，资本增强型技术进步为劳动偏向性技术进步。一般而言，发展中国家的劳动供给相对丰裕，贸易开放后，劳动供给将相对上升。现在根据式（3-42）的平衡增长方程进行讨论发展中国家知识产权保护程度不同时，技术进步的要素偏向。

情形（1）：发展中国家不存在知识产权保护的情况下技术进步偏向。

考虑一种极端情况，假设发展中国家不存在知识产权保护，此时 $\theta=0$，则有 $\theta(1-\xi')K'=\theta(1-\xi')L'=0$，此时，$\partial(N_K/N_L)/\partial(K/L)<0$。[①] 发展中国家在使用发达国家的资本增强型技术时，不需要支付产权费用，然而，贸易开放后，发展中国家对发达国家资本密集型产品需求上升，从而提高了发达国家资本密集型产品的相对价格，强化了资本增强型技术进步 N_K/N_L。根据阿西莫格鲁（Acemoglu，2002）的观点，此时价格效应占主导地位。此外，借鉴阿吉翁和豪威特（Aghion & Howitt，2009）的做法，将 $\xi'K$、$\xi'L$ 表示为市场窃取效应，它是指发达国家为规避发展中国家的产品占领市场，会不断地加强技术研发和推进技术创新。对于发达国家来说，相对于劳动，资本是丰裕要素，则有 $\xi'K>\xi'L$，因此，市场窃取效应也提高了资本增强型技术进步 N_K/N_L。

由此可见，在发展中国家不存在知识产权保护时，全球劳动供给增加，在价格效应和竞争效应机制下，促进了资本增强型技术进步。

[①] 此处直接借用了阿吉翁和豪威特（Aghion & Howitt，2009）、杨飞（2014）的结果。

情形（2）：发展中国家知识产权保护较低时的技术进步偏向。

当发展中国家知识产权保护较低，令其满足 $\theta < \xi'/(1-\xi')$。相比不存在知识产权保护的情况，贸易开放后，全球劳动供给增加会产生一定的规模效应，然而规模效应比较小，这意味着劳动增强型技术进步 N_L 的上升低于 N_K 的增加，因此贸易开放有利于提高资本增强型技术进步。

情形（3）：发展中国家知识产权保护较高时的技术进步偏向。

假设发展中国家的知识产权保护水平较高，令其满足 $\theta > \xi'/(1-\xi')$，此时 $\partial(N_K/N_L)/\partial(K/L) > 0$。因此，贸易开放后，劳动相对供给增加会导致 N_K/N_L 下降。此时，规模效应大于价格效应和市场窃取效应之和，贸易开放导致劳动增强型技术进步。

结合要素替代弹性，可以进一步判断要素增强型技术进步与要素偏向性技术进步之间的关系。

第四节　本 章 评 述

在资本与劳动要素组合下，本章借鉴和扩展了阿西莫格鲁（Acemoglu，2002）的偏向性技术进步理论分析模型，构建了国际贸易对偏向性技术进步影响的理论模型。得出如下几点启示：

第一，在两国技术水平完全相同的情况下，贸易通过价格效应促进资本增强型技术进步，资本 - 劳动替代弹性决定了技术进步偏向。在技术垄断市场中，由于发展中国家无技术研发能力，且无知识产权保护，如果能够购买发达国家的技术，因此，两国的技术水平完全相同。由于国际贸易不影响知识产权结构，技术的市场规模不变，贸易通过影响产品价格进而促进资本增强型技术进步。在资本 - 劳动替代弹性大于 1 时，贸易导致的资本增强型技术进步为资本偏向性技术进步；在资本 - 劳动替代弹性小于1 时，贸易导致的资本增强型技术进步为劳动偏向性技术进步。

第二，在两国技术水平存在差距的情况下不同，国际贸易通过价格效应、市场规模效应和市场窃取效应影响资本增强型技术进步，发展中国家的知识产权保护程度发挥了重要作用，资本 – 劳动替代弹性最终技术进步偏向。当发展中国家不存在知识产权保护时，国际贸易通过价格效应和市场窃取效应推动资本增强型技术进步。当发展中国家知识产权保护较低时，贸易开放产生的市场规模效应小于价格效应与市场窃取效应之和，因此，贸易开放仍然有利于资本增强型技术进步。当发展中国家知识产权保护较高时，贸易开放后导致的市场规模效应大于价格效应与市场窃取效应值之和，因此随着全球劳动相对供给增加，贸易开放导致劳动增强型技术进步。再结合要素替代弹性与要素增强型技术进步的关系，可以进一步判断技术进步偏向，即当资本与劳动要素为替代关系，资本增强型技术进步为资本偏向性技术进步；而当资本与劳动为互补关系时，资本增强型技术进步为劳动偏向性技术进步。

第三，根据费利佩和麦康比（Felipe & Mccombie，2001）、佐藤龙子和田木森田（Sato & Morita，2009）等的研究，偏向性技术进步情境下 TFP 以要素增强型技术进步形式存在，在前文分析基础上，我们进一步推断国际贸易必然会通过影响要素增强型技术进步进而影响偏向性技术进步情境下 TFP。

第四章

中国制造业偏向性技术进步与 TFP 演变分析

在阿西莫格鲁（Acemoglu，2002）的偏向性技术进步理论中，技术进步有两种密切相关的划分：一是基于要素相对效率变化界定的要素增强型（factor-augmenting）技术进步；二是基于要素相对边际生产率变化识别的要素偏向性（factor-biased）技术进步。其中，前者是识别偏向性技术进步的关键载体。[①] 固定替代弹性（CES）生产函数因包含要素替代弹性和要素增强型技术进步等决定技术进步偏向的关键参数，成为偏向性技术进步研究的重要工具。阿西莫格鲁（Acemoglu，2002，2007）发展的偏向性技术进步理论即从要素增强型 CES 生产函数出发进行讨论，在此基础上，克勒姆等（Klump et al.，2007，2012）、勒昂 – 莱德斯马等（Le'on-Ledesma et al.，2010，2015）发展了要素替代弹性和要素增强型技术进步的估计方法。相比 DEA 方法、超越对数函数方法，基于要素增强型 CES 生产函数及其标准化供给面系统的估计方法是目前偏向性技术进步研究中广泛应用的实证研究方法。

[①] 偏向性技术进步的重要奠基人阿西莫格鲁（Acemoglu，2002）将其偏向性技术进步理论命名为 directed technical change，其指的是要素偏向性（factor-biased）技术进步。本书中的偏向性技术进步特指要素偏向性技术进步，如无必要，则不加"要素"一词。

鉴于此，本章从经典的偏向性技术进步定义出发，基于标准化要素增强型 CES 生产函数框架，推导衡量偏向性技术进步的指数，在此基础上，推导出偏向性技术情境下全要素生产率（TFP）函数，然后以 1992～2020 年中国制造业 27 个行业为研究对象，测算中国制造业行业偏向性技术进步，归纳其偏向性技术进步的演变特征；最后测度中国制造业行业偏向性技术进步情境下 TFP 水平，总结中国制造业行业 TFP 演进规律，并分析其中的原因。

第一节　偏向性技术进步的衡量方法

本章基于阿西莫格鲁（Acemoglu，2002）给出的偏向性技术进步的经典定义，在资本和劳动要素增强型 CES 生产函数基础上，推导出与该定义相一致的偏向性技术进步指数；采用克勒姆等（Klump et al.，2007，2012）发展的标准化供给面系统法，并结合勒昂 - 莱德斯马等（Le'on-Ledesma et al.，2010，2015）的研究思路，对决定偏向性技术进步的要素替代弹性和要素增强型技术进步进行识别。

要素增强型 CES 生产函数包含要素替代弹性和要素增强型技术进步，成为偏向性技术进步理论研究（Acemoglu，2002）和经验分析（Klump et al.，2007，2012；Le'on-Ledesma et al.，2010，2015；李小平和李小克，2018）中的典型研究工具。本书使用的线性齐次要素增强型 CES 生产函数的一般形式为：

$$Y_{it} = F(\Gamma_{it}^K K_{it},\ \Gamma_{it}^L L_{it}) = C_i \big[\pi_i (\Gamma_{it}^K K_{it})^{\frac{\sigma_i-1}{\sigma_i}} + (1-\pi_i)(\Gamma_{it}^L L_{it})^{\frac{\sigma_i-1}{\sigma_i}} \big]^{\frac{\sigma_i}{\sigma_i-1}}$$

$$(4-1)$$

式（4-1）中，i、t 分别为行业和时期，Y_{it}、K_{it} 和 L_{it} 分别为产出水平、资本投入和劳动投入；Γ_{it}^K 和 Γ_{it}^L 分别表示资本增强型技术进步水平和劳动增强型技术进步水平，分别反映资本效率和劳动效率的水平；C_i 为总效率参数，不随时间 t 变化；π_i 为分布参数，$\pi_i \in (0, 1)$，它反映生产中的重要程度，并假定不随时间 t 变化；[①] σ_i 代表资本 K_{it} 和劳动 L_{it} 之间的要素替代弹性，$\sigma_i \in [0, \infty)$，当 $\sigma_i = 0$ 时，要素之间完全无弹性，式（4 - 1）的 CES 生产函数退化为固定要素比例的 Leontief 生产函数；当 $\sigma_i = 1$ 时，即单位弹性时，生产函数退化为 C-D 生产函数；当替代弹性 $\sigma_i \to \infty$ 时，生产函数转化为要素完全替代的线性生产函数。若替代弹性 $0 < \sigma_i < 1$，资本 K_{it} 与劳动 L_{it} 在生产中为总互补关系；当替代弹性 $\sigma_i > 1$，资本 K_{it} 与劳动 L_{it} 为总替代关系。

国内外大量文献在推导要素替代弹性核算方程时，普遍采用简化形式，其实质依然在中性技术进步假设下，在资本和劳动的要素增强系数相等情况下推导的希克斯中性替代弹性（封永刚等，2017）。事实上，由式（4 - 1）可知，对于要素增强型技术进步函数，替代弹性 σ_i 由要素投入的相对边际产量变化率引起的要素相对需求量变化率决定：

$$\sigma_i = \frac{\partial \ln(\Gamma_{Ki} K_i / \Gamma_{Li} L_i)}{\partial \ln [(\partial F_i / \partial \Gamma_{Li} L_i)/(\partial F_i / \partial \Gamma_{Ki} K_i)]} \qquad (4 - 2)$$

准确识别要素增强型 CES 生产函数中的经济变量和参数，需要事先对其进行标准化处理。标准化 CES 生产函数的思想由德拉格兰德维尔（De La Grandville，1989）明确提出，克勒姆和德拉格兰德维尔（Klump & De La Grandville，2000）、克勒姆和普赖斯勒（Klump & Preissler，2000）对其进一步发展，克勒姆等（Klump et al.，2007）首次将其应用于经验研究。它来自这样一种观察——不同代表性家庭或厂商的 CES 函数仅通过替代弹性进行区分，这需要生产函数具有共同的基准点，即各变量有其固定的基准值，令（Y_{i0}，K_{i0}，L_{i0}，π_{i0}）为标准化 CES 生产函数固定时点的基准值，得到标准化要素增强型 CES 生产函数的形式为：

$$Y_{it} = Y_{i0} \left[\pi_{i0} \left(\frac{\Gamma_{it}^K K_{it}}{\Gamma_{i0}^K K_{i0}} \right)^{\frac{\sigma_i - 1}{\sigma_i}} + (1 - \pi_{i0}) \left(\frac{\Gamma_{it}^L L_{it}}{\Gamma_{i0}^L L_{i0}} \right)^{\frac{\sigma_i - 1}{\sigma_i}} \right]^{\frac{\sigma_i}{\sigma_i - 1}} \qquad (4 - 3)$$

---

① 在非标准化 CES 生产函数中，总效率参数和分布参数无清晰的理论或实证含义（Klump et al.，2012）。

在偏向性技术进步研究中，希克斯、哈罗德、索罗均曾有过不同的定义，其中希克斯的定义在阿西莫格鲁（Acemoglu，2002）发展的偏向性技术进步理论中得到广泛应用。偏向性技术进步的规范定义是若技术进步使一种生产要素的边际产量比另一种生产要素的边际产量增加得多，则技术进步偏向于该种生产要素。在衡量偏向性技术进步时，阿西莫格鲁（Acemoglu，2002）抽掉了时间因素，未明确要素增强型技术进步函数的具体形式，他使用替代弹性的大小和要素增强型技术进步的相对变化来识别要素偏向性技术进步或技术进步的要素偏向。本书结合要素增强型 CES 生产函数的研究实践（Klump et al.，2007，2012；Le'on-Ledesma et al.，2010，2015），在标准化情境下对偏向性技术进步的衡量工具进一步具体化。

根据式（4-3），考虑 i 行业 t 时期资本对劳动的边际技术替代率（MTRS），即资本 - 劳动相对边际产出可以表示为：

$$MRTS_{it}^{KL} = \frac{\partial Y_{it}/\partial K_{it}}{\partial Y_{it}/\partial L_{it}} = \frac{\pi_{i0}}{1-\pi_{i0}}\left(\frac{\Gamma_{it}^K/\Gamma_{i0}^K}{\Gamma_{it}^L/\Gamma_{i0}^L}\right)^{\frac{\sigma_i-1}{\sigma_i}}\left(\frac{K_{it}/K_{i0}}{L_{it}/L_{i0}}\right)^{-\frac{1}{\sigma_i}}\frac{L_{i0}}{K_{i0}} \quad (4-4)$$

将式（4-4）中技术进步引起的要素边际技术替代率变化定义为偏向性技术进步，则有：

$$Bias_{it} = \left(\frac{\Gamma_{it}^K/\Gamma_{it_0}^K}{\Gamma_{it}^L/\Gamma_{it_0}^L}\right)^{\frac{\sigma_i-1}{\sigma_i}} \quad (4-5)$$

式（4-5）中，$Bias_{it}$ 为偏向性技术进步指数，它反映了技术进步对要素相对边际产出的影响方向和影响程度。若 $Bias_{it}$ 指数上升，说明技术进步提高了资本对劳动的边际技术替代率，因此，技术进步表现为资本偏向性技术进步。若 $Bias_{it}$ 指数下降，说明技术进步降低了资本对劳动的边际技术替代率，因此，技术进步表现为劳动偏向性技术进步。若 $Bias_{it}$ 不变，即技术进步不改变要素边际技术替代率，技术进步表现为希克斯中性。

需要说明的是，根据勒昂 - 莱德斯马等（Le'on-Ledesma et al.，2010，2015）的观点，在要素效率增长率非负时，$\dot{\Gamma}_{it}^K/\Gamma_{it}^K > \dot{\Gamma}_{it}^L/\Gamma_{it}^L > 0$ 代表总的技术进步为资本增强型，而 $0 < \dot{\Gamma}_{it}^K/\Gamma_{it}^K < \dot{\Gamma}_{it}^L/\Gamma_{it}^L$ 代表总的技术进步为劳动

增强型。由此可见，偏向性技术进步方向不同于要素增强型技术进步方向，前者不仅要考虑要素效率变化率方向，还需考虑替代弹性属性，而后者仅考虑要素效率变化率方向。克勒姆等（Klump et al.，2012）、沟渊秀幸（Mizobuchi，2015）、勒昂－莱德斯马等（Le'on-Ledesma et al.，2015）均使用偏向性技术进步方向（direction of biased technical change）指代技术进步的要素偏向。因此，与"技术进步方向指数"不同，本书定义的偏向性技术进步指数是判断是否存在偏向性技术进步以及技术进步偏向于何种要素的工具，反映技术进步的要素偏向及其偏向速度。

第二节　参数估计、变量测度与数据处理

一、参数估计方法

事实上，式（4 - 3）中参数估计的实质是要素替代弹性 σ_i 的识别。然而，戴蒙德等（Diamond et al.，1978）指出要素替代弹性和偏向性技术进步不能同时识别。换言之，也就是要素替代弹性与要素增强型技术进步无法同时估计。为规避"戴蒙德不可能定理"，通常假定特定形式的技术进步函数，并对技术进步轨迹施加限制。假设式（4 - 3）中资本增强型技术进步函数和劳动增强型技术进步函数具有以下形式：

$$\Gamma_{it}^{K} = \Gamma_{i0}^{K} e^{g_{Ki}(t)}, \quad \Gamma_{it}^{L} = \Gamma_{i0}^{L} e^{g_{Li}(t)} \tag{4-6}$$

式（4 - 6）中，Γ_{i0}^{K}、Γ_{i0}^{L} 分别为 i 行业初始时期（基准时期）的资本增强型技术进步水平和劳动增强型技术进步水平；$g_{Ki}(t)$、$g_{Li}(t)$ 分别为 i 行业 t 时期的资本增强型技术进步增长率函数、劳动增强型技术进步增长率函数，从标准化要素增强型 CES 生产函数的含义看，它们分别是标准化资本增强型技术进步水平的对数、标准化劳动增强型技术进步水平的对数。

对于非线性要素增强型 CES 生产函数的估计，主要有单一方程估计法、两方程系统法、标准化供给面系统法（normalized supply-side system approach）。在克勒姆等（Klump et al.，2007）首次实现了标准化 CES 生产函数估计的经验研究后，逐步成为要素增强型 CES 生产函数最具影响力的估计方法。勒昂－莱德斯马等（Le'on-Ledesma et al.，2010，2015）证明了利用 Kmenta 近似对标准化的非线性要素增强型 CES 生产函数线性化后，直接进行估计该线性生产函数存在技术进步偏向参数的弱识别问题。这意味着单一的线性标准化要素增强型 CES 生产函数并不适合研究技术进步偏向。进一步地，若使用克勒姆等（Klump et al.，2007）的替代性方法，用标准化要素增强型 CES 生产函数线性化的 Kmenta 近似方程替代供给面系统中的非线性标准化要素增强型 CES 生产函数，则存在估计的替代弹性有偏的问题。[①] 尽管 Kmenta 近似能够估计替代弹性 σ_i，但不是最有效的，因此，本书中的标准化供给面系统中不使用 Kmenta 近似。

标准化供给面系统法将企业利润最大化的一阶条件作为一个系统，该系统包含全部生产要素的需求函数和一个总的要素增强型 CES 生产函数，跨方程参数约束缓解了要素替代弹性和技术进步等结构参数的识别偏误，具体形式为：

$$
\begin{cases}
\log \dfrac{Y_{it}}{Y_{i0}} = \log\xi_i + \dfrac{\sigma_i}{\sigma_i - 1}\log\left[\pi_{i0}\left(\dfrac{K_{it}}{K_{i0}}e^{a(t-t_0)} \right)^{\frac{\sigma_i-1}{\sigma_i}} + (1-\pi_{i0})\left(\dfrac{L_t}{L_0}e^{b(t-t_0)} \right)^{\frac{\sigma_i-1}{\sigma_i}} \right] \\[3mm]
\log \dfrac{r_{it}K_{it}}{Y_{it}} = \log \dfrac{\pi_{i0}}{1+\mu_i} + \dfrac{\sigma_i-1}{\sigma_i}\log\xi_i - \dfrac{\sigma_i-1}{\sigma_i}\log \dfrac{Y_{it}/Y_{i0}}{K_{it}/K_{i0}} + \dfrac{\sigma_i-1}{\sigma_i}a(t-t_0) \\[3mm]
\log \dfrac{w_{it}L_{it}}{Y_{it}} = \log \dfrac{1-\pi_{i0}}{1+\mu_i} + \dfrac{\sigma_i-1}{\sigma_i}\log\xi_i - \dfrac{\sigma_i-1}{\sigma_i}\log \dfrac{Y_{it}/Y_{i0}}{L_{it}/L_{i0}} + \dfrac{\sigma_i-1}{\sigma_i}b(t-t_0)
\end{cases}
$$

$$(4-7)$$

式（4-7）中，为降低标准化点中随机成分的影响，遵循克勒姆等（Klump et al.，2007，2012）、勒昂－莱德斯马等（Le'on-Ledesma et al.，

---

① 需要说明的是，勒昂－莱德斯马等（Le'on-Ledesma et al.，2015）是在真实的替代弹性小于 1 的情况下发现替代弹性存在高估的可能；相反，若真实的替代弹性大于 1（比 1 足够大），则线性的标准化 CES 生产函数构建的供给面方程可能存在真实替代弹性低估的可能。

2010，2015）的经验做法，从样本均值的角度定义标准化点，定义 $Y_{i0} = \xi_i \bar{Y}_i$，$K_{i0} = \bar{K}_i$，$L_{i0} = \bar{L}_i$，$t_0 = \bar{t}$，$\pi_{i0} = \bar{\pi}_i$，其中：增长变量的样本均值取其几何平均值，而其余参数取其算数平均值，这里的 $\bar{t}$ 为样本区间长度均值。

在不完全市场中，要素价格为加成价格，故引入额外的参数 μ_i 来捕获要素价格的平均加成比例，μ_i 取值为 0.1。分布参数 π_{i0} 设定为其样本均值是标准化经验研究优势之一，也可选择自由估计分布参数 $\hat{\pi}_{i0}$，但估计的分布参数 $\hat{\pi}_{i0}$ 应与样本均值的分布参数 $\bar{\pi}$ 的差异极小。此外，鉴于 CES 生产函数非线性特质，产出的样本均值并不必与生产函数隐含的产量水平一致，为此引入额外的标准化参数 ξ_i，ξ_i 的预期取值位于 1 附近。[1] 在非标准化的情形下，式（4-1）中的分布参数 π_i 和效率参数 C_i 的初始值并不存在清晰的判别原则（Le'on-Ledesma et al.，2015），因此在非线性的 CES 函数估计中，标准化系统方程组将比非标准化系统方程组具有显著的判别优势。

为提高估计效率，本书采用勒昂-莱德斯马等（Le'on-Ledesma et al.，2010，2015）、陆雪琴和章上峰（2013）、雷钦礼（2013）、陈晓玲和连玉君（2013）、郝枫和盛卫燕，2014）、郑猛（2016）、陆菁和刘毅群（2016）等的做法，将要素增强型技术进步增长率函数设定为固定不变增长率模式，a 和 b 分别为资本增强型技术进步平均增长率和劳动增强型技术进步平均增长率。

二、变量测度与数据处理

要素投入及其价格、要素份额数据对于准确估计 CES 生产函数的参数至关重要。尽管诸多研究努力试图识别偏向性技术进步，但对于其取值和属性仍缺乏共识，主要原因之一是数据质量和数据一致性问题。安特拉斯（Antràs，2004）、克勒姆等（Klump et al.，2007）强调数据质量和数据一

---

[1] 只有在对数化的 C-D 函数中，预期的标准化参数等于 1，在选择样本均值作为标准化点上的基准值时，由于 CES 函数的非线性和数据的随机影响，标准化参数将围绕 1 波动。

致性的重要性。本书在估计 CES 生产函数的参数时，对现有文献中涉及的变量处理方法进行比对和筛选，以期寻找提高变量测算精度的方法。此外，还对标准化供给面系统的参数计算问题进行了充分考虑。

1. 工业增加值

2008 年起，《中国工业经济统计年鉴》（现为《中国工业统计年鉴》）不再报告上一年度规模以上工业企业及其分行业的工业增加值。最近一些研究（王班班和齐绍洲，2014；林伯强和刘鸿汛，2015；孔宪丽等，2015）尝试利用分行业规模以上工业增加值增长速度估算工业增加值。国家统计局公布了 2006 年 2 月起各月度"按可比价格计算的规模以上工业企业分行业工业增加值累计增长速度"，因此计算 2008 年及以后各年行业规模以上工业增加值有 3 种选择，即分别以 2005 年、2006 年、2007 年为基期计算。本书分别以上述三个年份为基期计算各行业工业增加值，以《国民经济和社会发展统计公报》公布的全国工业增加值总额和《中国投入产出表》相关年份提供的全口径工业分行业增加值数据进行比对发现，以 2006 年和 2007 年为基期计算的规模以上分行业工业增加值普遍高于相应年份全口径工业行业增加值，尤其以 2007 年为基期计算的结果高估更为严重，而以 2005 年为基期计算的结果略低于相应年份相关行业工业增加值，因此该结果较为准确。

本书选择以 2005 年为基期，计算 2008 年及以后各年各行业工业增加值。具体而言，利用上期按可比价格计算的工业增加值乘以该行业工业增加值累计增长速度，得到按可比价格计算的实际工业增加值；由于现行统计中采用"单缩法"平减工业增加值，因此将上述结果乘以当期工业品出厂价格指数，即还原为连续时间序列的名义工业增加值。[①] 从理论上看，计

---

① 需要说明的是，计算分行业现价工业增加值（名义工业增加值）需要乘以其价格指数。从理论上看，该价格指数应以 2005 年为基期计算的可比价格指数，然而按照"理论算法"计算的结果显示，随着时间演进，诸多行业的工业增加值大大超过了相应年份《中国投入产出表》的结果。显然，实际经济活动中，规模以上工业增加值应小于全口径（规模以上 + 规模以下）工业增加值。笔者遂放弃上述做法，转而以当期价格指数替换，计算的各行业规模以上工业增加值略低于相应行业全口径工业增加值。

算实际工业增加值的理想做法是"双缩法",即使用工业生产者价格指数剔除销售价格变动得到实际工业总产值,利用工业生产者购进价格指数剔除物质消耗成本价格变动得到实际工业中间投入,进而得到实际工业增加值。然而,本书在实际计算过程中发现一些行业的工业生产者出厂价格指数上涨较快,导致实际工业总产值低于实际中间投入。因此,本书最终选择采用"单缩法"计算实际工业增加值。此外,对于 2004 年分行业工业增加值缺失问题,本书采用 2005 年《中国经济贸易年鉴》提供的 2004 年按行业分组的规模以上工业增加值序列补充。

2. 资本投入和劳动投入

现有文献对工业行业资本存量数据处理方法存在诸多不一致,计算结果差异较大。按照初始资本存量、折旧率和投资额三个关键指标的处理差异,主要有三种方法:一是利用工业行业固定资产原值减去累计折旧得到的固定资产净值直接作为行业资本存量的近似替代,如李小平和朱钟棣(2006)、孔宪丽等(2015);二是以工业行业年末或年均固定资产净值为初始的资本存量,经价格平减后的行业固定资产净值的增加量作为投资额,规避折旧来测算工业行业资本存量水平(李小平和朱钟棣,2005;陈勇和李小平,2006;涂正革,2008;姚毓春等,2014);三是以工业行业某年固定资产投资净值为初始资本存量,依据经典资本积累方程估算行业资本存量(陈诗一,2011)。主流文献认为应采用经典的资本积累方程估算行业资本存量,然而,经过价格基期调整,该方法下的行业资本存量累加结果逐渐逼近张军等(2004)、单豪杰(2008)的全国总量实际资本存量,即可能高估了中国工业资本存量。因此,本书采用固定资产年均净值余额作为资本存量的代理变量,并使用固定资产投资价格指数平减得到实际资本存量。

现有研究对行业劳动投入的衡量采用全部从业人员年平均数(姚毓春等,2014)或年末就业人员数(陈晓玲等,2015)来表示,指标的不一致主要与不同时期年鉴中统计口径的变化有关。但全部从业人员年平均数与年末就业人员数的概念不同,根据《中国工业统计年鉴》的解释,全部从业人员年平均人数是企业年内各月或每天平均拥有的人数，是在企业工作并取得劳动报酬的全部人员数；根据《中国劳动统计年鉴》的解释，年末人数是指年末最后一天的实有人数。由此可见，前者是流量范畴，后者是存量范畴，考虑到以年末人数衡量行业劳动投入的波动可能较大，且与工业增加值的流量范畴不一致，因此，本书采用"全部从业人员平均人数"口径的数据。

3. 要素份额计算

与现有文献（陈晓玲等，2015）的普遍做法一致，行业劳动价格由《中国劳动统计年鉴》报告的分行业城镇单位平均劳动报酬表示，并经城市 CPI（1998 年 = 100）对名义劳动价格进行平减得到分行业实际劳动报酬。[①]

相比劳动报酬，资本报酬往往不易直接观测，资本报酬衡量主要有两种方法一是价格法，即根据资本使用者成本进行估算，例如，多拉择尔斯基和加德鲁（Doraszelski & Jaumandreu, 2018）、李小平和李小克（2018），但具有较大误差（Le'on-Ledesma & Satchi, 2015）；二是收入法，即固定资产折旧 + 营业盈余 ± 生产税净额确定。显然，如何将某些类别的收入归入劳动所得和资本所得，要素份额的衡量变得相对复杂，戈林（Gollin, 2002）、戈姆和鲁珀特（Gomme & Rupert, 2004）、吕冰洋和郭庆旺（2012）等进行了深刻探讨。按照是否应将间接税纳入资本报酬，当前文献关于要素份额的计算有三种典型算法，具体到工业领域：一是总增加值法将间接税视为资本报酬，资本份额 =（工业增加值 − 劳动报酬）/ 工业增加值；二是"部门分配法"认为间接税应视为政府部门的收入，资本份额 =（固定资产折旧 + 营业盈余）/ 工业增加值；三是要素成本增加值法将间接税从资本报酬中剔除，资本份额 =（固定资产折旧 + 营业盈余）/（工业增加值 − 生产税净额）。相应地，前两者对应的劳动份额 = 劳动报酬 / 工业增加值，后者对

---

① 2009 年起，改称平均工资。1999 ~ 2009 年《中国劳动经济统计年鉴》使用劳动报酬概念，2010 ~ 2015 年使用工资概念。这里，我们还利用城镇单位各行业从业人员平均报酬估算相应行业从业人员平均报酬。

应的劳动份额 = 劳动报酬/（工业增加值 – 生产税净额）。当生产税净额为正时，部门分配法的资本份额最小，要素成本增加值法的劳动份额最大。对于中国工业的资本和劳动份额，白重恩等（2008）采用要素成本增加值法，陆菁和刘毅群（2016）则使用了部门分配法。不少研究仅涉及劳动份额，通常以总增加值法或部门分配法计算，如文雁兵和陆雪琴（2018）等。鲜有研究比较不同方法下要素份额变化的异同，陈宇峰等（2013）在分析技术进步偏向对劳动份额的影响时采用总增加值法和要素成本增加值法计算劳动份额。从国际经验来看，使用要素成本增加值法计算要素份额的做法更为流行，而且本书比对了三种方法后发现，使用要素成本增加值法的要素份额结果更为准确。

因现有年鉴未报告规模以上工业的营业盈余数据，以 2000 年后的营业利润近似替代营业盈余，1992 ~ 1999 年的利润总额近似替代营业盈余，生产税净额根据收入法求得。劳动报酬以行业从业人员年均人数应得劳动报酬为基础，并经城市 CPI 平减得到实际劳动份额。变量的原始数据主要来自《中国工业统计年鉴》《中国工业交通能源五十年统计资料汇编（1949—1999）》《中国劳动统计年鉴》《中国统计年鉴》等。

三、样本行业处理

考虑到数据缺失、变量计算结果异常等因素，本书删除采掘业、电力热力燃气及水的生产和供应业，同时删除制造业中的其他制造业，废弃资源综合利用业，金属制品、机械和设备修理业等行业，将橡胶制品业与塑料制品业合并为橡胶和塑料制品业，汽车制造业与铁路、船舶、航空航天和其他运输设备制造业合并为交通运输设备制造业。此外，自 2012 年起，汽车制造业与铁路、船舶、航空航天和其他运输设备制造业的工业增加值累计增长率开始分开报告，之前《中国工业统计年鉴》《中国统计年鉴》并无两者的工业增加值数据，本书利用《中国汽车工业年鉴》提供的汽车工业增加值对 2011 年的交通运输设备制造业工业增加值进行拆分。使用

1993 年制造业行业数据，对 1992 年制造业行业拆分与合并，构造出相应的制造业行业。

经上述调整后，确定本书的研究对象为规模以上制造业 27 个制造业行业，样本区间是 1992～2020 年。在此期间，国民经济行业分类存在多次细微变化，整合后的行业名称使用国民经济行业分类（GBT 4754—2017）的表述。27 个制造业行业（manufacturing industry，MI）及其相应的代码分别为：农副食品加工业（MI1），食品制造业（MI2），酒、饮料和精制茶制造业（MI3），烟草制品业（MI4），纺织业（MI5），纺织服装、服饰业（MI6），皮革、毛皮、羽毛及其制品和制鞋业（MI7），木材加工和木、竹、藤、棕、草制品业（MI8），家具制造业（MI9），造纸和纸制品业（MI10），印刷和记录媒介复制业（MI11），文教、工美、体育和娱乐用品制造业（MI12），石油加工、炼焦和核燃料加工业（MI13），化学原料和化学制品制造业（MI14），医药制造业（MI15），化学纤维制造业（MI16），橡胶和塑料制品业（MI17），非金属矿物制品业（MI18），黑色金属冶炼和压延加工业（MI19），有色金属冶炼和压延加工业（MI20），金属制品业（MI21），通用设备制造业（MI22），专用设备制造业（MI23），交通运输设备制造业（MI24），电气机械和器材制造业（MI25），计算机、通信和其他电子设备制造业（MI26），仪器仪表制造业（MI27）。

第三节　中国制造业行业偏向性技术进步演变分析

一、参数估计结果与分析

标准化系统的估计通常要考虑交叉方程误差相关和模型内生性问题，本书采用标准化 CES 生产函数估计中广泛使用的非线性似不相关回归（NLSUR）对式（4-3）中的非线性方程组进行回归。为规避非线性估计可能对初始值敏感的问题，在对要素替代弹性估计时，遵循克勒姆等（Klump et al. , 2007）提出的全局最优（global optimum）思路，借鉴国内同类的做法和经验，设定制造业行业替代弹性的不同初始值，对每一个制造业行业单独进行估计，最终选择在对数似然值最大时，拟合优度最高的估计结果。

表4-1 报告了中国制造业 27 个制造业行业标准化供给面系统的估计结果。从表中可以看出，绝大多数行业的规模因子接近1，资本份额估计值非常接近于样本算术平均值，这说明主要参数估计是合理的。所有制造业行业的要素替代弹性均在 1% 的检验水平下显著，其中，烟草制品业（MI4）、纺织服装、服饰业（MI6），文教、工美、体育和娱乐用品制造业（MI12）、化学纤维制造业（MI16）等 4 个制造业行业的资本-劳动替代弹性大于1，其资本与劳动要素投入在生产过程中表现显著的替代关系，农副食品加工业（MI1）等 23 个行业的资本-劳动要素替代弹性小于1，即大多数制造业行业的资本与劳动投入在生产过程中表现为互补关系。绝大多数行业的资本-劳动替代弹性不等于1，这意味着样本期间中国制造业行业的技术进步并不满足中性技术进步假设。

表 4-1　　　　　　　　　中国制造业 27 个行业参数估计结果

制造业行业名称	代码	ξ	σ	π	μ	π_AA
农副食品加工业	MI1	1.063 *** (16.55)	0.927 *** (24.42)	0.569 *** (22.33)	0.059 *** (3.81)	0.583
食品制造业	MI2	1.293 *** (21.03)	0.907 *** (41.12)	0.555 *** (40.63)	0.032 *** (3.08)	0.798
酒、饮料和精制茶制造业	MI3	1.044 *** (30.98)	0.898 *** (81.60)	0.744 *** (81.13)	0.019 *** (4.92)	0.889
烟草制品业	MI4	0.994 *** (22.22)	4.731 *** (8.75)	0.859 *** (92.05)	0.022 (1.33)	0.852

续表

制造业行业名称	代码	ξ	σ	π	μ	π_AA
纺织业	MI5	1.039 *** (26.85)	0.792 *** (11.97)	0.477 *** (14.48)	0.106 *** (3.96)	0.805
纺织服装、服饰业	MI6	0.973 *** (37.07)	1.223 *** (45.71)	0.447 *** (51.55)	0.010 *** (3.30)	0.447
皮革、毛皮、羽毛及其制品和制鞋业	MI7	1.025 *** (41.29)	0.648 *** (77.22)	0.422 *** (60.70)	0.005 (1.47)	0.430
木材加工和木、竹、藤、棕、草制品业	MI8	1.318 *** (23.28)	0.866 *** (24.08)	0.603 *** (30.71)	0.055 *** (2.63)	0.630
家具制造业	MI9	1.198 *** (33.77)	0.983 *** (83.36)	0.510 *** (33.14)	0.025 *** (4.34)	0.530
造纸和纸制品业	MI10	1.076 *** (31.53)	0.865 *** (31.07)	0.607 *** (32.25)	0.048 *** (4.91)	0.634
印刷和记录媒介复制业	MI11	1.006 *** (26.47)	0.975 *** (63.94)	0.618 *** (36.32)	0.024 *** (6.60)	0.630
文教、工美、体育和娱乐用品制造业	MI12	0.975 *** (21.22)	1.383 *** (85.50)	0.490 *** (71.07)	0.008 *** (3.28)	0.493
石油加工、炼焦和核燃料加工业	MI13	1.018 *** (24.39)	0.588 *** (27.81)	0.498 *** (15.37)	0.074 ** (2.55)	0.522
化学原料和化学制品制造业	MI14	1.092 *** (26.91)	0.856 *** (60.43)	0.662 *** (73.29)	0.011 ** (2.35)	0.687
医药制造业	MI15	1.028 *** (36.60)	0.893 *** (59.05)	0.768 *** (100.83)	0.015 *** (4.56)	0.769
化学纤维制造业	MI16	0.921 *** (32.10)	1.048 *** (69.23)	0.807 *** (122.31)	0.008 *** (3.02)	0.800
橡胶和塑料制品业	MI17	1.022 *** (36.29)	0.906 *** (36.00)	0.627 *** (41.67)	0.026 *** (4.21)	0.635

续表

制造业行业名称	代码	ξ	σ	π	μ	π_AA
非金属矿物制品业	MI18	1.027 *** (28.64)	0.799 *** (25.63)	0.604 *** (30.98)	0.058 *** (5.08)	0.615
黑色金属冶炼和压延加工业	MI19	1.019 *** (22.70)	0.898 *** (57.19)	0.677 *** (46.02)	0.018 *** (3.48)	0.670
有色金属冶炼和压延加工业	MI20	1.020 *** (24.02)	0.912 *** (40.50)	0.657 *** (40.87)	0.027 *** (4.36)	0.664
金属制品业	MI21	1.123 *** (26.39)	0.885 *** (42.52)	0.565 *** (46.44)	0.021 *** (3.01)	0.598
通用设备制造业	MI22	1.078 *** (24.32)	0.824 *** (45.52)	0.568 *** (47.68)	0.016 ** (2.21)	0.599
专用设备制造业	MI23	1.044 *** (24.37)	0.823 *** (30.36)	0.548 *** (33.23)	0.043 *** (4.30)	0.581
交通运输设备制造业	MI24	1.065 *** (23.82)	0.860 *** (50.24)	0.682 *** (58.37)	0.024 *** (3.82)	0.693
电气机械和器材制造业	MI25	1.240 *** (23.66)	0.897 *** (60.37)	0.662 *** (78.16)	− 0.001 (− 0.20)	0.678
计算机、通信和其他电子设备制造业	MI26	1.157 *** (37.20)	0.968 *** (105.20)	0.801 *** (104.53)	0.016 *** (3.46)	0.801
仪器仪表制造业	MI27	1.076 *** (28.03)	0.806 *** (34.49)	0.627 *** (51.51)	0.035 *** (4.08)	0.637

注：π_AA 是样本的资本份额算术平均值，***、**、* 分别表示在 1%、5%、10% 的检验水平下显著，小括号内为 Z 统计量的值。

资料来源：本表由笔者计算整理。

改革开放以来，尤其是社会主义市场经济体制确立以来，中国大力推进工业化和出口导向型的政策，大量吸引外商投资，并积极参与国际贸易和国际分工，中国工业化发展取得了长足进步。德拉格兰德维尔假说认为要素替代弹性越高，经济增长越快（De La Grandville，1989）。然而，中国制造业多数行业的资本与劳动替代弹性并没有像德拉格兰德维尔假说预测的那样足够高。当前国内有关资本与劳动替代弹性的研究多集中在全国经济层面或省份经济层面（戴天仕和徐现祥，2010；雷钦礼，2013；郝枫和盛卫燕，2014；陈晓玲和连玉君，2013；封永刚等，2017），较少涉及制造业行业的实证研究。陆菁和刘毅群（2016）的研究表明多数工业行业的要素替代弹性大于1；陈晓玲等（2015）利用资本、能源与劳动三要素不同嵌套的 CES 生产函数结构对1994～2008年工业行业数据进行估计表明，在不同嵌套模型中，资本与劳动之间的替代弹性通常小于1；姚毓春等（2014）得到1985～2011年中国制造业部门的资本－劳动产出弹性均小于1；孔宪丽等（2015）对中国1994～2013年中国工业行业的资本－劳动要素替代弹性的估计表明，多数工业行业的替代弹性小于1。当前文献关于资本与劳动替代弹性的取值研究存在一定争议，其取值需要进一步深入讨论。

本书主要从要素价格演变和要素投入结构变迁角度对中国制造业行业资本－劳动替代弹性普遍小于1作出进一步的解释。在金融市场，为配合工业化发展战略，政府对利率水平实施监管，中长期贷款利率普遍偏低。据本书统计，1992～2020年间，金融机构人民币贷款基准利率调整高达43次，平均每年调整1.5次，除20世纪90年代初期、2006～2007年中国经济过热时期外，中长期贷款利率（即固定资产投资贷款利率）总体上呈现下降趋势（如图4-1所示）。利率管制促使基准贷款利率明显低于市场利率，压低资本使用成本，刺激了投资行为，导致投资率偏高（陈彦斌等，2014）。在劳动力市场，随着工业化快速推进，在劳动生产率提升、最低工资标准制度实施、产业转移等因素共同作用下，中国制造业实际工资水平处于较长的增长周期。因此，随着资本使用成本下降和劳动力价格上升，多数制造业行业资本深化变化幅度可能对于劳动－资本相对价格变化的反应程度并不大，即要素替代弹性普遍小于1，多数制造业行业的资本与劳动表现为互补关系。

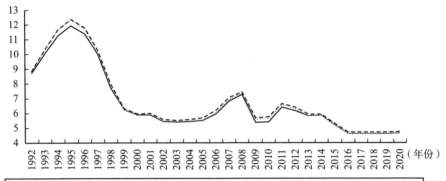

图 4 - 1 中国金融机构人民币贷款利率演变

资料来源：由笔者计算整理。

二、中国制造业行业偏向性技术进步测算结果与分析

假设要素价格以其边际产出进行支付，令 r_t、ω_t 分别表示 K_t、L_t 的价格，则资本 - 劳动份额比为：

$$\frac{r_{it}K_{it}}{\omega_{it}L_{it}} = \frac{\pi_{i0}}{1-\pi_{i0}}\left(\frac{\Gamma_{it}^K/\Gamma_{i0}^K}{\Gamma_{it}^L/\Gamma_{i0}^L}\right)^{\frac{\sigma_i-1}{\sigma_i}}\left(\frac{K_{it}/K_{i0}}{L_{it}/L_{i0}}\right)^{\frac{\sigma_i-1}{\sigma_i}} \quad (4-8)$$

进一步得到要素增强型技术进步之间的关系：

$$\frac{\Gamma_{it}^K}{\Gamma_{i0}^K} = \left(\frac{r_{it}K_{it}}{\omega_{it}L_{it}}\right)^{\frac{\sigma_i}{\sigma_i-1}}\left(\frac{1-\pi_{i0}}{\pi_{i0}}\right)^{\frac{\sigma_i}{\sigma_i-1}}\left(\frac{K_{it}/K_{i0}}{L_{it}/L_{i0}}\right)^{-1}\frac{\Gamma_{it}^L}{\Gamma_{i0}^L} \quad (4-9)$$

将式（4 - 9）代回式（4 - 3）的标准化要素增强型 CES 生产函数中，分别得到资本增强型技术进步水平、劳动增强型技术进步水平的表达式：

$$\frac{\Gamma_{it}^K}{\Gamma_{i0}^K} = \frac{Y_{it}/Y_{i0}}{K_{it}/K_{i0}}\left(\frac{1}{\pi_{i0}}\frac{r_{it}K_{it}}{w_{it}L_{it}+K_{it}}\right)^{\frac{\sigma_i}{\sigma_i-1}} = \frac{Y_{it}/Y_{i0}}{K_{it}/K_{i0}}\left(\frac{\pi_{it}}{\pi_{i0}}\right)^{\frac{\sigma_i}{\sigma_i-1}} \quad (4-10)$$

$$\frac{\Gamma_{it}^L}{\Gamma_{i0}^L} = \frac{Y_{it}/Y_{i0}}{L_{it}/L_{i0}}\left(\frac{1}{1-\pi_{i0}}\frac{w_{it}L_{it}}{w_{it}L_{it}+r_{it}K_{it}}\right)^{\frac{\sigma_i}{\sigma_i-1}} = \frac{Y_{it}/Y_{i0}}{L_{it}/L_{i0}}\left(\frac{1-\pi_{it}}{1-\pi_{i0}}\right)^{\frac{\sigma_i}{\sigma_i-1}} \quad (4-11)$$

其中，π_{it} 表示 t 时期的资本份额，$1-\pi_{it}$ 表示 t 时期的劳动份额。

结合式（4 - 10）、式（4 - 11）和式（4 - 7）估计的资本 - 劳动替代弹性，能够计算式（4 - 5）i 行业 t 时期的偏向性技术进步指数，从而识别出制造业行业各期的技术进步要素偏向及其偏向速度，中国制造业行业的偏向性技术进步指数描述性统计如表 4 - 2 所示。

表 4 - 2　　　　中国制造业 27 个行业偏向性技术进步指数描述性统计

项目	代码								
	MI1	MI2	MI3	MI4	MI5	MI6	MI7	MI8	MI9
平均值	1.333	1.455	1.179	1.155	1.344	1.039	1.197	1.886	1.178
标准差	0.762	0.737	0.486	0.609	0.794	0.308	0.651	1.236	0.427
最小值	0.164	0.225	0.339	0.294	0.040	0.522	0.382	0.170	0.339
最大值	2.827	2.529	1.776	3.179	2.415	1.744	2.376	4.429	2.068

项目	代码								
	MI10	MI11	MI12	MI13	MI14	MI15	MI16	MI17	MI18
平均值	1.487	1.163	1.050	1.280	1.366	1.188	1.068	1.143	1.512
标准差	0.860	0.416	0.307	0.691	0.668	0.501	0.395	0.485	0.958
最小值	0.202	0.444	0.720	0.047	0.316	0.378	0.491	0.187	0.196
最大值	3.608	1.725	1.744	3.169	2.450	1.835	1.846	1.865	3.048

项目	代码								
	MI19	MI20	MI21	MI22	MI23	MI24	MI25	MI26	MI27
平均值	1.111	1.208	1.384	1.422	1.541	1.377	1.260	1.124	1.411
标准差	0.528	0.535	0.699	0.785	0.934	0.782	0.538	0.422	0.781
最小值	0.392	0.311	0.359	0.270	0.293	0.331	0.370	0.288	0.244
最大值	2.673	2.000	2.566	2.876	3.199	2.650	2.694	1.900	2.610

图 4 - 2 报告了 1992 ~ 2020 年中国制造业 27 个行业技术进步偏向的演变趋势。

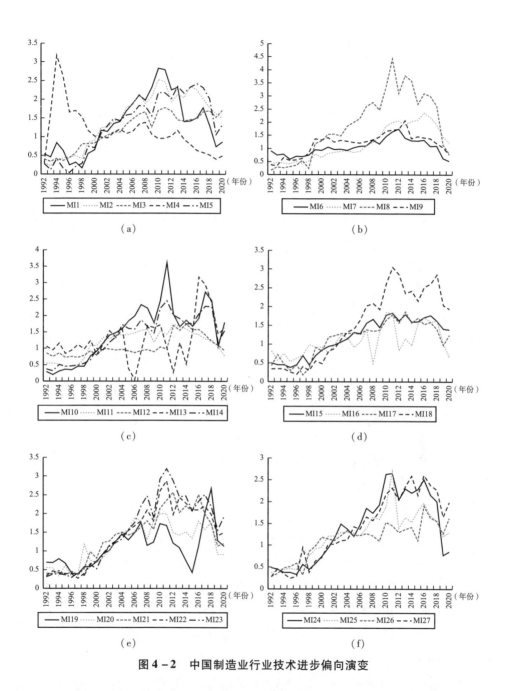

图 4 - 2　中国制造业行业技术进步偏向演变

由图 4 - 2 显示，样本期间，中国制造业发展先后经历了三个典型阶段。第一个阶段是市场化初期（1992～1998年），始于1992年的市场经济体制确立，止于亚洲金融危机结束前后，该阶段市场化改革启动，中国制造业资源配置由计划经济向市场经济转变。第二个阶段是工业化加速阶段（1999～2008年），始于亚洲金融危机结束前后，中国政府对国有工业进行了大幅改革，并随着加入WTO，对外开放程度进一步加深，在2008年全球金融危机爆发前夕，这一阶段中国工业化飞速发展，逐渐成为"世界工厂"。第三个阶段是后全球金融危机阶段（2009～2020年），源自美国的全球金融危机蔓延至全球主要经济体，对中国工业发展产生了重大影响，该阶段中央政府实施了四万亿投资计划，2014年后，中国启动全面深化改革和供给侧结构性改革，中国制造业经历深刻调整。因此，本书将根据上述三个典型阶段分析中国制造业行业技术进步偏向演变特征。

第一，在市场化初期阶段，农副食品加工业（MI1）、烟草制品业（MI4）、橡胶和塑料制品业（MI17）、黑色金属冶炼和压延加工业（MI19）等少数行业的技术进步偏向普遍偏向劳动，且偏向性技术进步变化速度相对较快。多数制造业行业的技术进步由初始的劳动偏向普遍演变为资本偏向，且资本偏向性技术进步增长速度相对较小。

第二，在工业化加速阶段，除文教、工美、体育和娱乐用品制造业（MI12）等极个别行业外，制造业绝大多数行业的技术进步偏向水平呈现出持续而普遍的上升趋势，这意味着该时期的技术进步相对有利于提高资本对劳动的边际技术替代率，技术进步呈现出典型的资本偏向性特征。这一时期，中国制造业市场化水平加快，大量引进制造业机器设备和技术，广泛参与全球分工，进一步推动了中国制造业资本偏向性进步的发展。

第三，在后全球金融危机阶段，中国制造业行业技术进步的要素偏向发生了逆转，多数制造业行业的技术进步由偏向资本演变为普遍偏向劳动，主要包括食品制造业（MI2），烟草制品业（MI4），纺织业（MI5），纺织服装、服饰业（MI6），木材加工和木、竹、藤、棕、草制品业（MI8），家具业（MI9），印刷和记录媒介复制业（MI11），文教、工美、体育和娱乐用品制造业（MI12），石油加工、炼焦和核燃料加工业（MI13），医药制造业（MI15），橡胶和塑料制品业（MI17），有色金属冶炼和压延加工业（MI20），金属制品业（MI21），交通运输设备制造业（MI24），计算机、通信和其他电子设备制造业（MI26），仪器仪表业（MI27）等行业。对于大多数制造业行业而言，2012 年和 2016 年是重要的转折点，2012～2015年多数制造业的技术进步处于短暂的资本偏向阶段，2016 年后，大多数行业的技术进步更有利于劳动对资本的边际技术替代率增长，普遍进入劳动偏向性技术进步阶段。

第四节　中国制造业行业偏向性技术进步情境下 TFP 演变分析

一、偏向性技术进步情境下 TFP 的衡量方法

为能够准确捕捉偏向性技术进步条件下 TFP 变化，本书借鉴勒昂－莱德斯马等（Le'on-Ledesma et al.，2010，2015）使用的 Kmenta 近似思路，在 $\sigma_i = 1$ 处对标准化要素增强型 CES 生产函数进行二级泰勒级数展开，则有：

$$
\begin{aligned}
\ln \frac{Y_{it}}{Y_{i0}} = \frac{(\sigma_i - 1)\pi_{i0}(1 - \pi_{i0})}{2\sigma_i}\left(\ln \frac{K_{it}/K_{i0}}{L_{it}/L_{i0}}\right)^2 + \pi_{i0}\ln \frac{K_{it}}{K_{i0}} + (1 - \pi_{i0})\ln \frac{L_{it}}{L_{i0}} \\
\left.\begin{aligned}
&+ \frac{(\sigma_i - 1)\pi_{i0}(1 - \pi_{i0})}{2\sigma_i}\left(\ln \frac{\Gamma_{it}^K}{\Gamma_{i0}^K} - \ln \frac{\Gamma_{it}^L}{\Gamma_{i0}^L}\right)^2 \\
&+ \frac{(\sigma_i - 1)\pi_{i0}(1 - \pi_{i0})}{\sigma_i}\ln \frac{K_{it}/K_{i0}}{L_{it}/L_{i0}}\left(\ln \frac{\Gamma_{it}^K}{\Gamma_{i0}^K} - \ln \frac{\Gamma_{it}^L}{\Gamma_{i0}^L}\right) \\
&+ \pi_0\ln \frac{\Gamma_{it}^K}{\Gamma_{i0}^K} + (1 - \pi_0)\ln \frac{\Gamma_{it}^L}{\Gamma_{i0}^L}
\end{aligned}\right\}\ln TFP_{it} \quad (4-12)
\end{aligned}
$$

从偏向性技术进步情境下产出中扣除要素投入贡献后，能够定义偏向性技术进步情境下 TFP 的对数函数，进一步整理得到：

$$\ln TFP_{it}^{Bias} = \pi_{i0}(1 - \pi_{i0})\ln\underbrace{\left(\frac{\Gamma_{it}^K/\Gamma_{i0}^K}{\Gamma_{it}^L/\Gamma_{i0}^L}\right)^{\frac{\sigma_i-1}{\sigma_i}}}_{\text{偏向性技术进步}}\ln\underbrace{\left[\left(\frac{\Gamma_{it}^K/\Gamma_{i0}^K}{\Gamma_{it}^L/\Gamma_{i0}^L}\right)^{\frac{1}{2}}\frac{K_{it}/K_{i0}}{L_{it}/L_{i0}}\right]}_{\text{有效要素禀赋结构}}$$

$$\underbrace{\phantom{\ln TFP_{it}^{Bias} = \pi_{i0}(1 - \pi_{i0})}}_{\text{适宜性偏向性技术进步效应}}$$

$$+ \underbrace{\pi_{i0}\ln\frac{\Gamma_{it}^K}{\Gamma_{i0}^K} + (1 - \pi_{i0})\ln\frac{\Gamma_{it}^L}{\Gamma_{i0}^L}}_{\text{要素增强型技术进步效应}} \qquad (4-13)$$

式（4 - 13）中，偏向性技术进步情境下 TFP 包含两部分，一部分为偏向性技术进步与有效要素禀赋结构构成的适宜性偏向性技术进步效应，另一部分为要素增强型技术进步效应。其中，本书将要素增强型技术进步与要素数量的结合称为有效要素投入，即资本增强型技术进步与资本数量之积为有效资本，劳动增强型技术进步与劳动数量之积为有效劳动。

结合前文中偏向性技术进步的定义及其衡量工具，易于验证：当技术进步为希克斯中性时，式（4 - 13）退化为中性技术进步情境下 TFP；当技术进步为希克斯偏向时，式（4 - 13）为一般意义上偏向性技术进步情境下 TFP。

二、中国制造业行业偏向性技术进步情境下 TFP 结果分析

当技术进步偏向与有效要素投入结构变化相适宜时，偏向性技术进步有利于 TFP 提升；当技术进步偏向与有效要素投入结构变化不适宜时，偏向性技术进步会带来 TFP 损失。从形式上看，$\Gamma_{it}^K/\Gamma_{i0}^K$、$\Gamma_t^L/\Gamma_0^L$ 均为当期要素增强型技术进步水平相对基期要素增强型技术进步水平的比值，其经济学含义分别是标准化的资本增强型技术进步水平和劳动增强型技术进步水平。因此，要素增强型技术进步水平提升，将直接有利于 TFP 增长。偏向性技术进步情境下 TFP 变化，最终取决于偏向性技术技术进步适宜水平和要素增强型技术进步水平变化。中国制造业行业偏向性技术进步情境下 TFP 水平的描述性统计如表 4 - 3 所示。

表 4 – 3 中国制造业 27 个行业偏向性技术进步情境下 TFP 对数的描述性统计

项目	代码								
	MI1	MI2	MI3	MI4	MI5	MI6	MI7	MI8	MI9
平均值	− 0.024	− 0.010	0.010	− 0.026	− 0.033	− 0.006	0.012	− 0.026	− 0.027
标准差	0.471	0.614	0.497	0.515	0.829	0.509	0.500	0.770	0.541
最小值	− 0.929	− 1.254	− 0.688	− 0.801	− 2.025	− 0.920	− 1.023	− 1.607	− 1.320
最大值	0.743	0.818	0.864	0.586	1.309	0.907	0.807	1.367	0.711

项目	代码								
	MI10	MI11	MI12	MI13	MI14	MI15	MI16	MI17	MI18
平均值	0.005	0.003	− 0.010	0.027	0.009	0.008	− 0.002	0.007	0.016
标准差	0.611	0.553	0.370	0.272	0.497	0.482	0.624	0.545	0.586
最小值	− 0.851	− 0.926	− 0.769	− 0.464	− 0.754	− 0.848	− 1.061	− 0.942	− 0.859
最大值	0.969	0.903	0.687	0.579	0.855	0.764	0.984	0.945	0.902

项目	代码								
	MI19	MI20	MI21	MI22	MI23	MI24	MI25	MI26	MI27
平均值	0.009	0.007	0.001	0.009	0.007	0.002	0.002	0.043	0.009
标准差	0.565	0.413	0.559	0.754	0.668	0.592	0.571	0.698	0.839
最小值	− 0.900	− 0.688	− 0.977	− 1.087	− 1.007	− 0.939	− 0.946	− 1.145	− 1.262
最大值	0.942	0.695	0.826	1.209	1.102	0.893	1.016	1.095	1.416

图 4 – 3 报告了 1992 ~ 2020 年中国制造业行业偏向性技术进步情境下 TFP 水平演变。

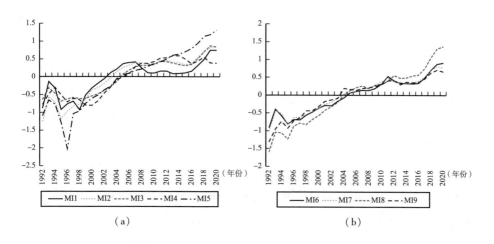

(a)　　　　　　　　　　　　(b)

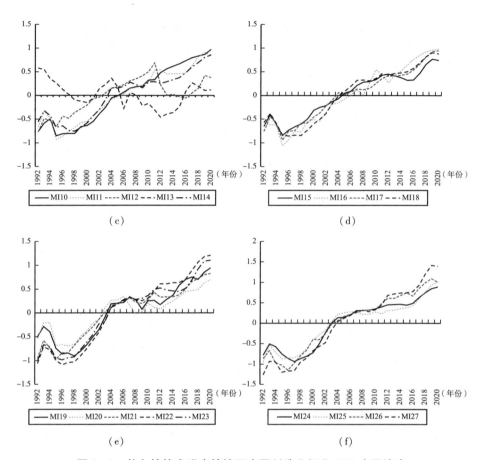

图 4 - 3　偏向性技术进步情境下中国制造业行业 TFP 水平演变

由图 4 - 3 可以得到以下结论：

第一，除石油加工业（MI13）等少数行业外，大多数行业偏向性技术进步情境下 TFP 水平大体上以 2004 年为界，其对数值由负转正，即标准化 TFP 水平普遍开始大于 1，这说明大多数行业的 TFP 水平开始高于各自的基期 TFP 水平。

第二，除石油加工、炼焦和核燃料加工业（MI13）等极个别行业外，绝大多数制造业行业的 TFP 水平在市场化初期（1992～1998 年）经历了短暂的上升—下降—上升阶段，在工业化加速阶段（1999～2008 年）呈现出持续而普遍的增长趋势。其中，农副食品加工业（MI1），食品制造业（MI2），酒、饮料和精制茶制造业（MI3），纺织业（MI5），纺织服装、服饰业（MI6），皮革、毛皮、羽毛及其制品和制鞋业（MI7），木材加工和木、竹、藤、棕、草制品业（MI8），造纸和纸制品业（MI10），印刷和记录媒介复制业（MI11），文教、工美、体育和娱乐用品制造业（MI12），医药制造业（MI15），化学纤维制造业（MI16），橡胶和塑料制品业（MI17），非金属矿物制品业（MI18），黑色金属冶炼和压延加工业（MI19），有色金属冶炼和压延加工业（MI20），金属制品业（MI21），通用设备制造业（MI22），专用设备制造业（MI23），交通运输设备制造业（MI24），电气机械和器材制造业（MI25），计算机、通信和其他电子设备制造业（MI26），仪器仪表制造业（MI27）等制造业行业 TFP 水平经历了强劲增长。在后全球金融危机阶段（2009～2020 年），文教、工美、体育和娱乐用品制造业（MI12），石油加工、炼焦和核燃料加工业（MI13）等个别行业 TFP 水平经历了较大幅度的下降，而农副食品加工业（MI1），纺织服装、服饰业（MI6），皮革、毛皮、羽毛及其制品和制鞋业（MI7），家具制造业（MI9），医药制造业（MI15）等少数行业的 TFP 增长经历了较长时期的下滑和低迷，大多数行业在 2016 年后出现了较为强劲的增长。

第五节　本章评述

本章在资本－劳动两种最基本的要素组合下，使用阿西莫格鲁（Acemoglu，2002）的希克斯偏向性技术进步定义，采用克勒姆等（Klump et al.，2007，2012）、勒昂－莱德斯马等（Le'on-Ledesma et al.，2010，2015）的标准化供给面系统法估计资本－劳动替代弹性，基于要素增强型 CES 生产函数计算偏向性技术进步和偏向性技术进步情境下 TFP 变化，在此基础上，考察了 1992～2020 年中国制造业 27 个行业的偏向性技术进步演变及其 TFP 演变。主要研究发现有：

（1）样本期间中国制造业行业的资本–劳动替代弹性普遍小于 1，资本与劳动要素投入之间更多呈现出互补关系。

（2）中国制造业一些行业的技术进步在市场化初期阶段（1992～1998年）由初始的劳动偏向普遍演变为资本偏向，在工业化加速阶段（1999～2008 年），技术进步表现出典型的资本偏向性特征，在后全球金融危机时代（2009～2020 年），中国制造业行业技术进步的要素偏向发生了逆转，多数制造业行业的技术进步由偏向资本演变为普遍偏向劳动。

（3）大多数制造业行业的偏向性技术进步情境下 TFP 水平在市场化初期（1992～1998 年）经历了短暂的上升 – 下降 – 上升阶段，在工业化加速阶段（1999～2008 年）表现出持续而普遍的增长特征，在后全球金融危机阶段（2009～2020 年），大多数行业经历了低迷增长期后，随着供给侧结构性改革推进，偏向性技术进步情境下 TFP 水平最终恢复了正向增长。

第五章

国际贸易对中国制造业偏向性
技术进步影响的实证研究

改革开放 40 多年来，中国对外贸易快速增长，根据国家统计局数据显示，中国货物进出口总额从 1978 年的 206.38 亿美元增长到 2021 年的 60514.89 亿美元，年均增长 14.12%，逐渐成长为全球重要的贸易大国。[①] 尤其是中国社会主义市场经济确立以来，中国对外贸易发展进入新的历史阶段。中国进出口产品结构不断优化，机电产品、传统劳动密集型产品成长为中国出口贸易增长的主要动力，与此同时，出口结构转型升级持续加快，出口主导产业由轻工、纺织等传统产业逐步迈向装备制造业、高新技术产业等资本、技术密集型产业。党的十九大报告提出要"拓展对外贸易，培育贸易新业态新模式，推进贸易强国建设"，深化贸易领域供给侧结构性改革，加快培育外贸竞争新优势，提高外贸的质量和效益。

内生增长理论和新贸易理论均认为国际贸易是技术溢出和生产率增长的重要来源。然而，却忽略了技术进步性质的研究。阿西莫格鲁（Acemoglu，2002）等发展的偏向性技术进步理论系统刻画了技术进步的性质及其决定。该理论认为国际贸易影响一国的偏向性技术进步，甚至会改变其技术进步的要素偏向（Acemoglu et al.，2015）。从理论上看，中国"引进

---

① 国家统计局网站。

来"和"走出去"的双引擎驱动发展模式不仅可能使本国的技术进步偏向受到其他国家产品和技术供给的影响，还可能使国内的技术进步偏向在外部需求的驱动下发生变化。国际贸易持续扩大和质量的不断提升，必然会引起中国制造业技术进步偏向变化。国际贸易对中国制造业偏向性技术进步产生了哪些影响，其影响有何特征，原因是什么？本章以 1992 ~ 2020 年中国制造业 27 个行业的长面板数据，分别从进口渗透率、出口技术溢出和贸易开放三个层面对上述问题进行实证考察。

第一节　进口渗透率对中国制造业偏向性技术进步影响的实证研究

一、进口渗透率的回归模型设定与变量测度

基于前文国际贸易与偏向性技术进步的理论模型分析，本书构建的进口渗透率对中国制造业行业偏向性技术进步影响的基准计量模型为：

$$Bias_{it} = \alpha_0 + \alpha_1 IM_{it} + \alpha_2 \ln KL_{it} + \alpha_3 FDI_{it} + \alpha_4 State_{it}$$
$$+ \alpha_5 Competition_{it} + \eta_i + \eta_t + \mu_{it} \tag{5-1}$$

式（5-1）中，i 和 t 分别表示行业和年份，$Bias_{it}$ 为偏向性技术进步，IM_{it} 为进口渗透率，或称为进口技术溢出，KL_{it} 为资本密集度，或称为资本深化，FDI_{it} 为外商直接投资，$State_{it}$ 为国有工业经济比重，$Competition_{it}$ 为市场竞争程度，$\alpha_1 \sim \alpha_5$ 依次为解释变量的回归系数，α_0 为常数项，η_i 和 η_t 分别表示不可观测的行业固定效应和时间固定效应，μ_{it} 为随机误差项。

其中，偏向性技术进步（$Bias_{it}$）的衡量方法见本书第四章，各解释变量的具体含义与测度方法如下：

（1）进口渗透率（IM）。制造业进口产品中包含机器、设备等生产技术，这提供了技术引进、使用、模仿等机会，结合本国相对丰裕要素的禀

赋优势，促进本国制造业偏向性技术进步。同时，进口贸易也可能隐含与外国资源禀赋结构相适应的技术，这些技术可能并不总与本国要素禀赋结构相一致，无论是与本国相对稀缺要素相匹配的进口贸易品，还是与本国相对丰裕要素相匹配的进口贸易品，都会影响本国制造业偏向性技术进步。此外，进口产品在消费市场上的竞争也会刺激本国技术变革。本书以人民币计价的行业进口额与该行业主营业务收入之比表示进口渗透率，这在一定程度上反映了行业进口技术溢出状况。

（2）资本密集度（KL）。资本密集度通过要素积累的"数量效应"和要素结构变化，产生要素配置效率的"效率效应"。根据要素边际产量递减规律，相对稀缺因而变得相对昂贵生产要素的边际生产率相对较高，相对丰裕因而变得相对便宜生产要素的边际生产率相对较低，因此，不同要素禀赋结构和配置比例对技术进步偏向产生影响。目前，少数文献开始关注资本深化对技术进步偏向的影响，但并未取得一致性结论（杨振兵，2015，2016a）。本书以行业实际固定资产净值年均余额与该行业从业人员数之比表示资本密集度。

（3）外商直接投资（FDI）。跨国公司在东道国投资、生产和销售过程中，与当地的供应商、客户发生经济联系，当地企业可能从中获得先进的产品、技术或市场知识，产生了技术溢出效应。目前有关偏向性技术进步的研究很少考察外商直接投资的作用（Li et al.，2016），本书与王班班和齐绍洲（2014）、景维民和张璐（2014）、李小平等（2015）、包群等（2015）的做法类似，采用行业外商投资企业的主营业务收入与该行业主营业务收入之比表示外商直接投资，它在一定程度上体现了外商直接投资技术溢出水平。

（4）国有工业经济比重（$State$）。通常而言，国有工业企业的市场化水平相对滞后，其适应市场变化的能力较弱，杨翔等（2019）的研究表明国有工业经济比重上升会促进偏向性技术进步。然而，国有工业经济变化有利于中国制造业技术进步偏向资本还是劳动尚比较鲜见。本书以国有及国有控股制造业企业的主营业务收入与规模以上制造业企业主营业务收入之比表示国有工业经济比重，它在一定程度上反映了制造业行业的市场化水平。

（5）市场竞争程度（*Competition*），市场竞争形态是技术进步的重要影响因素，具有一定垄断程度的企业在资金、研发、人才或者政策方面具有不同的相对优势，从而对技术进步偏向产生不同的影响。本书以行业的大中型企业主营业务收入与该行业规模以上行业主营业务收入之比表示市场竞争程度。行业的大中型制造业企业数量占比体现了该行业的企业规模和市场结构，一定程度上反映了该行业进入壁垒程度，反映了该行业的市场竞争程度。

各变量数据来自联合国商品贸易统计数据库、《中国工业统计年鉴》等。参考盛斌（2002），李小平和朱钟棣（2006）的做法，按照国际贸易标准分类（STIC 3.0）与《国民经济行业分类》（GB/T4754—2002）制造业工业行业分类进行匹配，最终将制造业三位数产品进出口额集结得到制造业行业进出口额。本书的研究对象为规模以上制造业行业，共计 27 个制造业行业，样本区间是 1992 ~ 2020 年，样本删减合并见第四章。基础性变量的描述性统计结果如表 5 - 1 所示。

表 5 - 1　　　　　　　　总样本的基础性变量描述性统计

变量名称	变量代码	观测值	平均值	标准差	最小值	最大值
偏向性技术进步	*Bias*	783	1.291	0.689	0.040	4.429
进口渗透率	*IM*	783	0.162	0.259	0.000	2.035
出口技术溢出	*EX*	783	0.280	0.385	0.001	2.141
贸易开放度	*Trade*	783	0.443	0.555	0.004	3.664
资本密集度	*KL*	783	7.925	8.095	0.520	52.898
外商直接投资	*FDI*	783	0.270	0.162	0.000	0.876
国有工业经济比重	*State*	783	0.270	0.266	0.004	2.549
市场竞争程度	*Competition*	783	0.556	0.195	0.092	0.993

二、进口渗透率的基准回归结果与分析

本书使用的 1992 ~ 2020 年中国制造业 27 个行业样本为长面板。一方

面，对于可能存在的固定效应和时间效应，本书分别加入个体虚拟变量和时间趋势项予以控制；另一方面，与短面板不同，长面板扰动项可能存在异方差和自相关。对于长面板的扰动项可能存在的组间异方差、组内自相关、组间同期相关等，有两种代表性估计方法：一是使用 LSDV + 面板校正标准误差（PCSE）进行估计，该方法最为稳健；二是全面 FGLS 估计，该方法最优效率。

本书首先使用 LSDV 估计回归系数，并对标准误差进行校正，即面板校正标准误差（PCSE）。该方法的优势在于，即使扰动项存在组间异方差或组间同期相关，LSDV 依然是一致的，因此，能够使用"组间异方差、组间同期相关"的稳健标准误差对本书样本进行估计。其次，本书还尝试对异方差或者自相关的具体形式进行假设，使用全面的广义最小二乘法（FGLS）进行估计。

表 5 - 2 报告了式（5 - 1）的 1992 ~ 2020 年中国制造业 27 个行业长面板数据模型的基准回归结果。

表 5 - 2　　　　进口渗透率对偏向性技术进步影响的基准回归结果

指标	(1)	(2)	(3)	(4)	(5)	(6)
	LSDV + 面板校正标准误差（PCSE）			全面 FGLS 估计		
IM	-0.885 *** (-4.34)	-0.917 *** (-4.23)	-0.534 *** (-3.26)	-0.527 *** (-16.97)	-0.438 *** (-35.63)	-0.533 *** (-16.09)
lnKL	0.461 *** (2.65)		0.539 *** (4.15)	0.374 *** (37.30)		0.407 *** (29.25)
FDI	0.636 (1.42)		0.625 * (1.74)	0.775 *** (21.45)		0.609 *** (11.04)
State		-1.321 *** (-5.26)	-0.965 *** (-4.82)		-0.387 *** (-28.93)	-0.281 *** (-11.03)
Competition		0.679 ** (2.24)	0.799 *** (3.23)		0.658 *** (62.10)	0.477 *** (14.93)

续表

指标	(1)	(2)	(3)	(4)	(5)	(6)
	LSDV + 面板校正标准误差（PCSE）			全面 FGLS 估计		
个体效应	控制	控制	控制	控制	控制	控制
时间效应	控制	控制	控制	控制	控制	控制
Wald				1750.68 (0.00)	3.4e + 09 (0.00)	1842.91 (0.00)
Wooldridge				85.516 (0.00)	93.582 (0.00)	82.190 (0.00)
Breusch-Pagan LM				3172.919 (0.00)	2922.379 (0.00)	2791.655 (0.00)
观测值	783	783	783	783	783	783
R-squared	0.548	0.547	0.594			

注：***、**、* 分别表示在 1%、5%、10% 的检验水平下显著，解释变量小括号内为参数估计的 Z 统计量的值，统计量小括号内为相应检验对应的 p 值。

表 5 - 2 中显示，列（1）~ 列（3）为进口渗透率对中国制造业行业偏向性技术进步影响的 LSDV + 面板校正标准误差（PCSE）的估计结果，列（4）~ 列（6）为进口渗透率对中国制造业行业偏向性技术进步影响的全面 FGLS 的估计结果，Wald 检验结果在 1% 的检验水平下强烈拒绝了组间同方差的原假设，Wooldridge 检验结果在 1% 的检验水平下强烈拒绝了组内无自相关的原假设，Breusch-Pagan LM 检验结果在 1% 的检验水平下强烈拒绝了组间无同期相关的原假设。主要的实证结论如下。

第一，两种不同估计方法的实证结果均显示进口渗透率（IM）的回归系数在 1% 的检验水平下显著为负值，这表明无论使用最为稳健的估计方法还是使用最有效率的估计方法，进口渗透率变化与技术进步引起的资本对劳动边际技术替代率变化负相关，其经济学含义是进口渗透率上升会显著抑制中国制造业行业技术进步偏向资本，或者说进口渗透率上升有利于中国制造业行业技术进步偏向劳动。来自国外制造业产品的输入既弥补了国内生产和需求缺口，还是本国技术进步引进、消化和吸收的重要来源。中国作为世界上工业化快速发展的发展中国家，广泛依赖于技术引进方式实现技术进步。董直庆等（2016）的研究表明 1990~2014 年中国机器设备进口额以年平均增长率 18% 的速度增加。随着中国大量进口的发达国家机器和设备投入生产活动，技术进步引起了资本对劳动边际技术替代率的非均衡增长，由于制造业产品进口主要来源于发达国家，而发达国家的技术进步普遍偏向劳动（技能劳动），因此，中国制造业进口产品嵌入的技术进步可能具有发达国家的技术特征，进口渗透率上升可能会抑制中国制造业行业技术进步的资本偏向。

第二，两种不同估计方法的实证结果均显示资本密集度（*KL*）对数的回归系数在 1% 的检验水平下显著为正值，这表明资本密集度变化与技术进步引起的资本－劳动边际技术替代率变化正相关，其经济学含义资本密集度上升有利于中国制造业行业技术进步的资本偏向。中国工业化发展战略和配套政策促进工业资本加速积累，资本深化水平长期处于正向增长状态，尽管资本生产率增长相对落后于劳动率增长，然而，中国制造业行业的资本－劳动替代弹性普遍小于 1，资本与劳动之间的互补关系使得偏向性技术进步的价格效应占据主导，因此，资本深化水平上升有利于中国制造业行业的资本偏向性技术进步。

第三，在 LSDV＋面板校正标准误差（PCSE）估计中，随着控制变量数量增加，外商直接投资（*FDI*）的回归系数由列（1）中的在 10% 的检验水平下不显著为正值变为列（3）中的在 10% 的检验水平下显著为正值。在全面 FGLS 估计中，列（4）和列（6）中 *FDI* 的回归系数在 1% 的检验水平下均显著为正值，即 *FDI* 上升有利于提高技术进步引起的资本对劳动边际技术替代率，促使中国制造业行业的技术进步更加偏向资本。*FDI* 虽然结合了中国丰裕而廉价的劳动力资源优势，但 *FDI* 往往具有技术优势和资本优势，因而 *FDI* 规模扩大可能促进中国制造业资本偏向性技术进步。

第四，两种不同估计方法的实证结果均显示国有工业经济比重（*State*）的回归系数在 1% 的检验水平下显著为正值，这说明国有工业经济比重变化与技术进步引起的资本－劳动边际技术替代率变化正相关，其经济学含义是国有工业经济比重下降有利于促进中国制造业行业技术进步的资本偏向。随着市场经济体制确立，难以适应市场经济的国有企业经过破产和重组，适应市场的能力逐步得到提高，非国有经济迅速上升反映了非公有制企业的生存状态和经营能力，因此，国有工业经济比重下降，市场化水平提高，促进了企业的技术进步与技术选择耦合度提升，平均而言，国有工业经济比重下降能够促使中国制造业行业资本偏向性技术进步。

第五，两种不同估计方法的实证结果均显示市场竞争程度（Competition）的回归系数在 1% 和 5% 的检验水平下显著为正值，这说明市场竞争程度变化与技术进步引起的资本－劳动边际技术替代率变化显著正相关，其经济学含义是市场结构中垄断竞争程度提高和企业规模扩大，中国制造业行业技术进步更加偏向资本。市场中大企业在利润驱动下，往往会利用自身人均资本雄厚、生产和经营能力较强的优势，进一步扩大生产规模和抢占市场份额，可能倾向于选择资本偏向性技术进步。

三、进口渗透率的内生性检验结果与分析

进口渗透率对中国制造业偏向性技术进步影响的模型中可能存在一定的内生性问题。一方面，技术进步偏向往往具有惯性效应，即使技术进步的偏向速度会发生变化，但技术进步的要素偏向在一定时期内保持不变。另一方面，不可观测变量与潜在测度误差归入随机误差项，也可能会导致模型中的内生性。相对而言，差分 GMM 和系统 GMM 方法主要适用于 N 大 T 小的短动态面板数据，对于 N 小 T 大的长面板动态数据可能存在较严重的偏差。蒙特卡特模拟显示对于长面板来说，偏差校正 LSDV 法（biased-corrected LSDV，LSDVC）在偏差大小和均方误差方面均明显优于差分 GMM 和系统 GMM。因此，本书使用偏差校正 LSDV 法（LSDVC）来解决长动态面板数据中可能存在的内生性问题。

LSDVC 需要指定偏差校正的初始值，本书分别使用 Anderson-Hsiao 估

计量、Arellano-Bond 差分 GMM 估计量和 Blundell-Bond 系统 GMM 估计量作为初始值。表 5－3 报告了进口渗透率对偏向性技术进步影响的长动态面板模型 LSDVC 估计结果。列（1）~ 列（3）的检验结果表明无论使用何种估计量作为偏差校正初始值，进口渗透率与技术进步引起的资本－劳动边际技术替代率均显著负相关，这表明进口渗透率提高不利于中国制造业行业的资本偏向性技术进步，这与基准回归中 LSDV + 面板校正标准误差（PCSE）和全面 FGLS 估计得到的实证结论是一致的。偏向性技术进步指数滞后期的回归系数显著为正值，这说明制造业行业的技术进步偏向具有显著的累积效应，技术进步引起的资本－劳动边际技术替代率在一定时期内的平均变化趋势较稳定，该结论也吻合第四章中偏向性技术进步演变的阶段性变化特征。

表 5－3　　　　　　　　　进口渗透率对偏向性技术进步影响的
长动态面板模型 LSDVC 估计结果

指标	（1） Arellano-Bond 差分 GMM	（2） Anderson-Hsiao 估计量	（3） Blundell-Bond 系统 GMM
L. *Bias*	0.785 *** （30.09）	0.786 *** （30.10）	0.815 *** （32.65）
IM	－ 0.238 ** （－ 1.99）	－ 0.244 * （－ 1.92）	－ 0.264 ** （－ 2.03）
ln*KL*	0.201 *** （3.30）	0.195 *** （3.05）	0.217 *** （3.26）
FDI	－ 0.057 （－ 0.26）	－ 0.164 （－ 0.59）	－ 0.154 （－ 0.62）
State	－ 0.846 *** （－ 4.54）	－ 0.892 *** （－ 4.36）	－ 0.910 *** （－ 4.66）

续表

指标	(1) Arellano-Bond 差分 GMM	(2) Anderson-Hsiao 估计量	(3) Blundell-Bond 系统 GMM
Competition	0. 505 *** (3. 15)	0. 508 *** (2. 62)	0. 518 *** (2. 97)
时间效应	控制	控制	控制
观测值	756	756	756

注：***、**、* 分别表示在 1%、5%、10% 的检验水平下显著，解释变量小括号内为参数估计的 Z 统计量的值，统计量小括号内为相应检验对应的 p 值。

对于控制变量，在考虑模型内生性后，资本密集度（*KL*）的回归系数仍显著为正值、国有工业经济比重（*State*）的回归系数仍显著为负值，市场竞争程度（*Competition*）的回归系数仍显然为正值，这与基准回归中 LS-DV＋面板校正标准误差（PCSE）和全面 FGLS 估计得到的实证结论一致，这再次分别说明资本深化水平提高、国有工业经济比重下降，市场垄断程度上升和企业规模扩大有助于促进中国制造业行业技术进步偏向资本。此外，外商直接投资（*FDI*）的系数符号为负值不显著。

四、进口渗透率的稳健性回归结果与分析

为检验进口渗透率对中国制造业行业偏向性技术进步影响结论的稳健性，本书从模型设定角度考察本书结论的稳健性。与式（5 - 1）的线性模型不同，本书构建的对数 - 线性模型如下：①

① 式（5 - 1）中，只有资本密集度（*KL*）以对数形式存在，因变量和其他解释变量均以线性形式进入模型，这并非本书关注的重点。本书的线性模型针对的是贸易与偏向性技术进步之间的关系。

$$\ln Bias_{it} = \alpha_1 IM_{it} + \alpha_2 FDI_{it} + \alpha_3 State_{it} + \alpha_4 \ln KL_{it}$$
$$+ \alpha_5 Competition_{it} + \eta_i + \eta_t + \mu_{it} \qquad (5-2)$$

表 5 - 4 报告了式（5 - 2）的进口渗透率对中国制造业行业偏向性技术进步影响的长面板稳健性检验结果，从列（1）~列（6）中可以看出，在对数 - 线性模型回归设定中，无论是进口渗透率的符号和显著性还是控制变量的符号和显著性，LSDV + 面板校正标准误差（PCSE）和全面 FGLS 估计结果均与表 5 - 2 的实证结果没有实质性差异，这再次说明了本书结论的稳健性，即进口渗透率变化显著抑制了中国制造业行业技术进步引起的资本 - 劳动边际技术替代率变化，进口渗透率上升可能更加有利于中国制造业技术进步偏向劳动而不是偏向资本。

表 5 - 4　　　进口渗透率对偏向性技术进步影响的稳健性检验（一）

指标	(1)	(2)	(3)	(4)	(5)	(6)
	LSDV + 面板校正标准误差（PCSE）			全面 FGLS 估计		
IM	- 0. 482 *** （ - 2. 92）	- 0. 448 ** （ - 2. 26）	- 0. 534 *** （ - 3. 26）	- 0. 325 *** （ - 11. 96）	- 0. 191 *** （ - 7. 24）	- 0. 311 *** （ - 15. 29）
lnKL	0. 533 *** （3. 83）		0. 539 *** （4. 15）	0. 469 *** （39. 59）		0. 501 *** （44. 23）
FDI	1. 118 *** （2. 91）		0. 625 * （1. 74）	0. 970 *** （19. 97）		0. 823 *** （19. 75）
State		- 1. 373 *** （ - 5. 65）	- 0. 965 *** （ - 4. 82）		- 0. 543 *** （ - 20. 61）	- 0. 351 *** （ - 14. 81）
Competition		0. 713 ** （2. 50）	0. 799 *** （3. 23）		0. 556 *** （24. 88）	0. 440 *** （16. 45）
常数项	- 1. 212 *** （ - 7. 49）	- 0. 362 ** （ - 2. 36）	- 0. 995 *** （ - 5. 39）	- 1. 133 *** （ - 6. 33）	- 0. 526 *** （ - 3. 97）	- 1. 171 *** （ - 8. 15）
个体效应	控制	控制	控制	控制	控制	控制
时间效应	控制	控制	控制	控制	控制	控制

续表

指标	(1)	(2)	(3)	(4)	(5)	(6)
	LSDV + 面板校正标准误差（PCSE）			全面 FGLS 估计		
Wald				1334.50 (0.00)	5182.46 (0.00)	1308.80 (0.00)
Wooldridge				61.841 (0.00)	80.803 (0.00)	61.819 (0.00)
Breusch-Pagan LM				2833.603 (0.00)	3042.143 (0.00)	2570.882 (0.00)
观测值	783	783	783	783	783	783
R-squared	0.566	0.532	0.594			

注：*** 、** 、* 分别表示在 1% 、5% 、10% 的检验水平下显著，解释变量小括号内为参数估计的 Z 统计量的值，统计量小括号内为相应检验对应的 p 值。

本书也构建了进口渗透率对中国制造业行业偏向性技术进步影响的线性 – 对数模型如下：

$$Bias_{it} = \alpha_1 \ln IM_{it} + \alpha_2 \ln FDI_{it} + \alpha_3 \ln State_{it} + \alpha_4 \ln KL_{it}$$
$$+ \alpha_5 \ln Competition_{it} + \eta_i + \eta_t + \mu_{it} \qquad (5-3)$$

此外，本书还构建了进口渗透率对中国制造业行业偏向性技术进步影响的对数 – 对数模型：[①]

$$\ln Bias_{it} = \alpha_1 \ln IM_{it} + \alpha_2 \ln State_{it} + \alpha_3 \ln KL_{it}$$
$$+ \alpha_4 \ln Competition_{it} + \eta_i + \eta_t + \mu_{it} \qquad (5-4)$$

表 5 – 5 报告了式（5 – 3）、式（5 – 4）的进口渗透率对中国制造业行业偏向性技术进步影响的长面板数据稳健性检验结果，从中可以看出，当使用线性 – 对数模型时，进口渗透率的回归系数仍然显著为负值，这与基准回归和前文的稳健性检验结果相同。当使用对数 – 对数模型时，进口渗

---

① 由于全面 FGLS 估计需要平衡面板数据，而烟草业一些年份的外商直接投资企业的经济指标为 0 或者不存在，FDI 的水平值为 0，无法取其对数，故在回归中将该变量删除。

透率的系数为负值但不显著。需要说明的是，当采用对数－对数模型时，进口渗透率的回归系数是弹性概念。

表 5－5　　　　　进口渗透率对偏向性技术进步影响的稳健性检验（二）

指标	（1）	（2）	（3）	（4）
	线性－对数	对数－对数	线性－对数	对数－对数
	LSDV＋面板校正标准误差（PCSE）		全面 FGLS	
ln*IM*	－ 0. 130 *** (－ 3. 66)	－ 0. 036 (－ 1. 13)	－ 0. 112 *** (－ 3. 97)	－ 0. 021 (－ 0. 81)
ln*KL*	0. 544 *** (3. 94)	0. 678 *** (5. 42)	0. 664 *** (11. 17)	0. 790 *** (14. 40)
ln*FDI*	0. 155 ** (2. 29)	0. 142 ** (2. 14)		
ln*State*	－ 0. 445 *** (－ 7. 67)	－ 0. 442 *** (－ 6. 91)	－ 0. 474 *** (－ 11. 67)	－ 0. 472 *** (－ 12. 61)
ln*Competition*	－ 0. 081 (－ 0. 87)	－ 0. 047 (－ 0. 56)	－ 0. 086 (－ 1. 10)	－ 0. 052 (－ 0. 72)
个体效应	控制	控制	控制	控制
时间效应	控制	控制	控制	控制

注：＊＊＊、＊＊、＊分别表示在1%、5%、10%的检验水平下显著，解释变量小括号内为参数估计的 Z 统计量的值，统计量小括号内为相应检验对应的 p 值。

五、进口渗透率的样本异质性检验结果与分析

2008 年全球金融危机后，国际贸易格局发生了重大变化，全球新一轮贸易保护主义风险进一步加大，中国制造业转型升级进入新阶段。因此，本书以 2008 年为界，将全样本分成 1992～2008 年和 2009～2020 年两个子样本进行检验，表 5－6 报告了基于式（5－1）和式（5－2）的样本异质

性检验结果。从中可以看出，基于式（5-1）线性模型的分样本检验结果表明，全球金融危机前，进口渗透率对中国制造业行业偏向性技术进步具有显著的负向影响，全球金融危机后，进口渗透率的作用转为正值向但不显著，这可能与中国制造业更加注重适宜的技术进步引进有关。基于式（5-2）的对数-线性模型的进口渗透率符号与前者相同，但不显著。

表 5-6　　进口渗透率对偏向性技术进步影响的样本异质性检验结果

指标	线性 – 线性		对数 – 线性	
	1992 ~ 2008 年	2009 ~ 2020 年	1992 ~ 2008 年	2009 ~ 2020 年
IM	-0.351 *** (-3.29)	0.194 (0.53)	-0.223 (-1.49)	0.162 (0.73)
ln*KL*	-0.070 (-0.73)	0.791 ** (2.38)	0.157 (1.23)	0.441 ** (2.24)
FDI	1.341 *** (4.57)	-2.226 *** (-2.96)	1.492 *** (4.32)	-1.610 *** (-3.76)
State	-0.334 ** (-2.00)	-2.276 (-1.50)	-0.363 ** (-1.98)	-1.698 (-1.49)
Competition	-0.390 * (-1.91)	3.684 *** (4.28)	-0.273 (-0.98)	2.386 *** (4.46)
个体效应	控制	控制	控制	控制
时间效应	控制	控制	控制	控制
观测值	432	324	432	324
R-squared	0.643	0.652	0.608	0.627

注：*** 、** 、* 分别表示在 1%、5%、10% 的检验水平下显著，解释变量小括号内为参数估计的 Z 统计量的值，统计量小括号内为相应检验对应的 p 值。

第二节 出口技术溢出对中国制造业偏向性 技术进步影响的实证研究

一、出口技术溢出的模型设定与变量测度

本书构建的出口技术溢出对中国制造业行业偏向性技术进步影响的基准计量模型为：

$$Bias_{it} = \beta_1 EX_{it} + \beta_2 \ln KL_{it} + \beta_3 FDI_{it} + \beta_4 State_{it}$$
$$+ \beta_5 Competition_{it} + \eta_i + \eta_t + \mu_{it} \qquad (5-5)$$

式（5-5）中，EX_{it} 表示出口技术溢出，亦称出口强度。企业从出口活动中获得学习效应，提升技术水平。本书以人民币计价的行业出口额与该行业主营业务收入之比表示出口技术溢出，它体现了行业的出口强度和出口学习效应。

二、出口技术溢出的基准回归结果与分析

表 5-7 报告了式（5-5）的出口技术溢出对中国制造业行业偏向性技术进步影响的实证结果，从列（1）~列（3）中可以看出，使用 LSDV + 面板校正标准误差（PCSE）的估计时，出口技术溢出（EX）的回归系数均为负值，但不显著，该结论与杨振兵（2015）研究发现出口学习效应并没有强化中国工业行业技术进步的资本偏向类似。从列（4）~列（6）中可以看出，使用全面 FGLS 估计时，出口技术溢出（EX）的回归系数显著为负值。根据 Wald 检验、Wooldridge 检验和 Breusch-Pagan LM 检验结果表明，扰动项存在组间异方差、组内自相关、组间同期相关，因此，本书选择以更具效率的全面 FGLS 估计的实证结果进行分析，将 LSDV + 面板校正标准误差（PCSE）的估计结果作为参照。

表 5 - 7　　　　出口技术溢出对偏向性技术进步影响的基准估计结果

指标	(1)	(2)	(3)	(4)	(5)	(6)
	LSDV + 面板校正标准误差（PCSE）			全面 FGLS 估计		
EX	-0.153 (-0.99)	-0.002 (-0.02)	-0.115 (-0.79)	-0.227 *** (-8.33)	-0.156 *** (-17.72)	-0.225 *** (-8.79)
lnKL	0.504 *** (2.85)		0.505 *** (3.00)	0.362 *** (32.58)		0.391 *** (25.29)
FDI	0.512 (0.93)		-0.119 (-0.23)	0.753 *** (15.27)		0.518 *** (8.01)
State		-1.293 *** (-5.02)	-1.133 *** (-4.72)		-0.374 *** (-41.52)	-0.249 *** (-8.97)
Competition		0.440 (1.35)	0.466 (1.51)		0.652 *** (86.41)	0.472 *** (14.99)
常数项	0.162 (0.85)	0.890 *** (4.58)	0.586 ** (2.54)	0.181 (0.59)	0.051 (0.22)	0.035 (0.15)
个体效应	控制	控制	控制	控制	控制	控制
时间效应	控制	控制	控制	控制	控制	控制
Wald				2031.25 (0.00)	10371.74 (0.00)	1946.64 (0.00)
Wooldridge				81.737 (0.00)	92.136 (0.00)	78.598 (0.00)
Breusch-Pagan LM				3139.968 (0.00)	2931.831 (0.00)	2872.071 (0.00)
观测值	783	783	783	783	783	783
R-squared	0.533	0.530	0.562			

注：*** 、** 、* 分别表示在 1%、5%、10% 的检验水平下显著，解释变量小括号内为参数估计的 Z 统计量的值，统计量小括号内为相应检验对应的 p 值。

出口技术溢出变化与技术进步引起的资本－劳动边际技术替代率变化显著负相关，这说明平均而言，出口强度提升抑制了中国制造业行业技术进步偏向资本，或者说出口强度上升有助于促进中国制造业行业技术进步偏向劳动。中国制造业出口比较优势主要集中在劳动密集型行业，出口学习效应的增强和出口技术溢出效应的扩大可能更加有利于中国制造业技术进步偏向劳动而非偏向资本。在全面 FGLS 估计中，资本密集度（KL）、外商直接投资（FDI）、国有工业经济比重（$State$）、市场竞争程度（$Competition$）的符号和显著性均与进口渗透率对中国制造业行业偏向性技术进步的影响结果一致。

三、出口技术溢出的内生性检验结果与分析

本书使用偏差校正 LSDV 法（LSDVC）来解决出口技术溢出对中国制造业偏向性技术进步影响的长动态面板数据模型中可能的内生性问题。表5-8 报告了出口技术溢出对偏向性技术进步影响的 LSDVC 估计结果，从列（1）~列（3）中可以看出，无论采用 Anderson-Hsiao 估计量、Arellano-Bond 差分 GMM 估计量还是 Blundell-Bond 系统 GMM 估计量作为 LSDVC 的偏差校正初始值，各列检验结果显示出口技术溢出的回归系数在 1% 的检验水平下均显著为负值，即出口技术溢出变化与技术进步引起的资本－劳动边际技术替代率变化负相关，考虑技术进步偏向的惯性效应后，出口技术溢出扩大仍然显著抑制了中国制造业行业技术进步资本偏向，这与基准回归中全面 FGLS 估计得到的实证结论一致。

表 5-8　出口技术溢出对偏向性技术进步影响的长动态面板模型估计结果

指标	(1) Arellano-Bond 差分 GMM	(2) Anderson-Hsiao 估计量	(3) Blundell-Bond 系统 GMM
L. Bias	0.799 *** (30.10)	0.797 *** (30.53)	0.829 *** (32.24)
EX	-0.218 *** (-2.78)	-0.212 ** (-2.51)	-0.265 *** (-3.10)

续表

指标	（1）	（2）	（3）
	Arellano-Bond 差分 GMM	Anderson-Hsiao 估计量	Blundell-Bond 系统 GMM
lnKL	0.195 *** (3.24)	0.190 *** (3.03)	0.211 *** (3.20)
FDI	0.152 (0.63)	0.056 (0.19)	0.096 (0.35)
$State$	−0.857 *** (−4.58)	−0.909 *** (−4.41)	−0.927 *** (−4.75)
$Competition$	0.281 * (1.70)	0.268 (1.39)	0.270 (1.52)
观测值	756	756	756

注：***、**、*分别表示在1%、5%、10%的检验水平下显著，解释变量小括号内为参数估计的 Z 统计量的值，统计量小括号内为相应检验对应的 p 值。

四、出口技术溢出的稳健性回归结果与分析

与式（5-5）的线性模型不同，本书构建出口技术溢出对中国制造业行业偏向性技术进步影响的对数-线性模型为：

$$\ln Bias_{it} = \beta_1 EX_{it} + \beta_2 FDI_{it} + \beta_3 State_{it} + \beta_4 \ln KL_{it}$$
$$+ \beta_5 Competition_{it} + \eta_i + \eta_t + \mu_{it} \qquad (5-6)$$

表5-9报告了式（5-6）的稳健性检验结果，从列（2）和列（5）来看，当控制变量仅包含国有工业经济比重（State）和市场竞争程度（Competition）时，出口技术溢出的回归系数在5%的检验水平下显著为正值。从列（1）和列（4）来看，当控制变量仅包含资本密集度（KL）和外商直接投资（FDI）时，出口技术溢出的符号为负值，且只有在全面FGLS估计中显著。从列（3）和列（6）来看，当控制变量同时包含以上四个因素时，面板校正标准误差（PCSE）和全面FGLS估计结果均显著为负值，鉴于该模型能够降低遗漏重要变量偏误，因此本书采用列（3）和

列（6）的稳健性检验结果进行分析，稳健性检验结果仍然支持出口技术溢出扩大不利于中国制造业行业技术进步引起的资本－劳动边际技术替代率上升，也就是说出口技术溢出增长并未带来中国制造业行业技术进步偏向资本。

表5－9　　　　　出口技术溢出对偏向性技术进步影响的稳健性检验

指标	（1）	（2）	（3）	（4）	（5）	（6）
	面板校正标准误差（PCSE）			全面 FGLS 估计		
EX	−0.100 （−0.73）	0.260 ** （2.13）	−0.020 （−0.15）	−0.089 *** （−4.98）	0.060 ** （2.52）	−0.094 *** （−6.48）
lnKL	0.556 *** （4.01）		0.565 *** （4.25）	0.470 *** （39.25）		0.496 *** （52.34）
FDI	1.071 ** （2.25）		0.453 （1.01）	0.948 *** （24.92）		0.788 *** （21.59）
State		−1.273 *** （−5.31）	−0.989 *** （−4.86）		−0.495 *** （−18.45）	−0.332 *** （−15.16）
Competition		0.731 ** （2.47）	0.660 *** （2.60）		0.562 *** （24.28）	0.420 *** （16.08）
常数项	−1.264 *** （−7.88）	−0.527 *** （−2.97）	−0.983 *** （−5.22）	−1.159 *** （−6.06）	−0.586 *** （−3.90）	−1.196 *** （−7.97）
个体效应	控制	控制	控制	控制	控制	控制
时间效应	控制	控制	控制	控制	控制	控制
Wald				1330.37 （0.00）	8.6e+07 （0.00）	1424.12 （0.00）
Wooldridge				59.755 （0.00）	80.603 （0.00）	59.730 （0.00）
Breusch-Pagan LM				2875.834 （0.00）	3035.884 （0.00）	2633.226 （0.00）

续表

指标	(1)	(2)	(3)	(4)	(5)	(6)
	面板校正标准误差（PCSE）			全面 FGLS 估计		
观测值	783	783	783	783	783	783
Number of id	27	27	27	27	27	27
R-squared	0.561	0.531	0.588			

注：***、**、* 分别表示在1%、5%、10%的检验水平下显著，解释变量小括号内为参数估计的 Z 统计量的值，统计量小括号内为相应检验对应的 p 值。

五、出口技术溢出的样本异质性检验结果与分析

表 5-10 分别报告了基于偏向性技术进步与出口技术溢出的线性 - 线性模型和对数 - 线性模型的分样本检验结果，从中可以看出，在全球金融危机前，这两种模型的检验结果均支持出口技术溢出的回归系数在 5% 的检验水平下显著为正值，全球金融危机后，出口技术溢出的回归系数不显著。这说明全球金融危机前，随着出口规模扩大，出口技术溢出促进了中国制造业技术进步偏向资本。

表 5-10　　出口技术溢出对偏向性技术进步影响的样本异质性检验结果（一）

指标	线性 - 线性		对数 - 线性	
	1992~2008 年	2009~2020 年	1992~2008 年	2009~2020 年
EX	0.305** (2.39)	0.011 (0.04)	0.353** (2.03)	-0.040 (-0.27)
$\ln KL$	-0.066 (-0.66)	0.774** (2.25)	0.154 (1.19)	0.420** (2.12)
FDI	0.791** (2.25)	-2.175** (-2.48)	0.983** (2.29)	-1.514*** (-3.03)

续表

指标	线性－线性		对数－线性	
	1992~2008 年	2009~2020 年	1992~2008 年	2009~2020 年
State	-0.322 ** (-2.01)	-2.243 (-1.47)	-0.351 ** (-1.97)	-1.679 (-1.47)
Competition	-0.453 ** (-2.12)	3.687 *** (4.15)	-0.317 (-1.13)	2.371 *** (4.32)
常数项	0.446 *** (2.97)	1.716 ** (2.41)	-1.085 *** (-5.42)	0.613 (1.47)
个体效应	控制	控制	控制	控制
时间效应	控制	控制	控制	控制
观测值	432	324	432	324
R-squared	0.641	0.652	0.609	0.627

注：***、**、*分别表示在 1%、5%、10% 的检验水平下显著，解释变量小括号内为参数估计的 Z 统计量的值，统计量小括号内为相应检验对应的 p 值。

进一步地，表 5-11 分别报告了基于偏向性技术进步－出口技术溢出的线性－对数模型的分样本检验结果和基于偏向性技术进步－出口技术溢出的对数－对数模型的分样本检验结果，这两种模型的检验结果同样均支持在全球金融危机前出口技术溢出扩大有利于中国制造业技术进步偏向资本。这与表 5-10 的分样本检验结果一致。

表 5-11   出口技术溢出对偏向性技术进步影响的样本异质性检验结果（二）

指标	线性－对数		对数－对数	
	1992~2008 年	2009~2020 年	1992~2008 年	2009~2020 年
ln*EX*	0.193 ** (2.48)	-0.042 (-0.36)	0.184 * (1.92)	0.001 (0.02)
ln*KL*	0.085 (0.64)	1.063 *** (3.22)	0.405 ** (2.32)	0.681 *** (3.51)

指标	线性 - 对数		对数 - 对数	
	1992~2008 年	2009~2020 年	1992~2008 年	2009~2020 年
$\ln FDI$	- 0.049 (- 0.58)	- 0.048 (- 0.45)	- 0.161 (- 1.17)	- 0.141 ** (- 2.08)
$\ln State$	- 0.207 *** (- 3.08)	0.198 ** (1.98)	- 0.282 *** (- 2.98)	0.129 ** (2.23)
$\ln Competition$	- 0.230 *** (- 2.65)	1.778 *** (4.18)	- 0.211 * (- 1.91)	1.058 *** (4.50)
常数项	0.157 (0.65)	3.828 *** (4.43)	- 1.594 *** (- 4.97)	1.729 *** (3.38)
个体效应	控制	控制	控制	控制
时间效应	控制	控制	控制	控制
观测值	432	322	432	322
R-squared	0.650	0.644	0.618	0.605

注：***、**、* 分别表示在 1%、5%、10% 的检验水平下显著，解释变量小括号内为参数估计的 Z 统计量的值，统计量小括号内为相应检验对应的 p 值。

第三节　贸易开放对中国制造业偏向性技术进步影响的实证研究

一、贸易开放的模型设定与变量测度

前两节均是考察单向贸易的偏向性技术进步效应，本节从进出口贸易角度进一步考察贸易开放对中国制造业行业偏向性技术进步的影响，相应的基准计量模型为：

$$Bias_{it} = \gamma_1 Trade_{it} + \gamma_2 \ln KL_{it} + \gamma_3 FDI_{it} + \gamma_4 State_{it}$$
$$+ \gamma_5 Competition_{it} + \eta_i + \eta_t + \mu_{it} \qquad (5-7)$$

式（5-7）中，$Trade_{it}$ 表示贸易开放，以人民币计价的行业进出口贸易总额与该行业主营业务收入之比表示。

二、贸易开放的基准回归结果与分析

表5-12报告了式（5-7）的贸易开放对中国制造业行业偏向性技术进步影响的实证结果，从列（1）~列（6）中可以看出，无论使用 LSDV+面板校正标准误差（PCSE）估计，还是使用全面 FGLS 估计，贸易开放（Trade）对中国制造业行业偏向性技术进步影响的回归系数均显著为负值，这说明贸易开放变化与技术进步引起的资本-劳动边际技术替代率变化显著负相关，也就是说扩大贸易开放并不利于中国制造业行业技术进步偏向资本，或者说贸易规模扩大促进了中国制造业行业技术进步偏向劳动。本书的这一结论支持了贸易开放与中国劳动力优势的现象相吻合。在全面 FGLS 估计中，资本密集度（KL）、外商直接投资（FDI）、国有工业经济比重（State）、市场竞争程度（Competition）的符号和显著性与前文总样本的分析结论基本一致。

表5-12　　贸易开放对偏向性技术进步影响的基准估计结果

指标	(1)	(2)	(3)	(4)	(5)	(6)
	LSDV+面板校正标准误差（PCSE）			全面 FGLS 估计		
Trade	-0.332*** (-3.03)	-0.203** (-2.03)	-0.312*** (-3.09)	-0.218*** (-12.21)	-0.166*** (-31.29)	-0.224*** (-11.68)
lnKL	0.478*** (2.78)		0.478*** (2.93)	0.365*** (40.63)		0.395*** (23.93)
FDI	0.850* (1.71)		0.239 (0.52)	0.859*** (20.09)		0.619*** (9.80)
State		-1.366*** (-5.27)	-1.125*** (-4.74)		-0.390*** (-49.16)	-0.256*** (-9.39)

续表

指标	（1）	（2）	（3）	（4）	（5）	（6）
	LSDV + 面板校正标准误差（PCSE）			全面 FGLS 估计		
Competition		0.388 （1.26）	0.428 （1.48）		0.680 *** （103.26）	0.457 *** （13.68
常数项	0.180 （0.98）	1.008 *** （5.51）	0.611 *** （2.73）	0.184 （0.65）	0.044 （0.19）	0.053 （0.24）
个体效应	控制	控制	控制	控制	控制	控制
时间效应	控制	控制	控制	控制	控制	控制
Wald				1901.19 （0.00）	1.9e + 05 （0.00）	1922.33 （0.00）
Wooldridge				82.063 （0.00）	91.530 （0.00）	78.773 （0.00）
Breusch-Pagan LM				3099.631 （0.00）	2917.935 （0.00）	2819.429 （0.00）
观测值	783	783	783	783	783	783
R-squared	0.540	0.534	0.568			

注：*** 、** 、* 分别表示在 1% 、5% 、10% 的检验水平下显著，解释变量小括号内为参数估计的 Z 统计量的值，统计量小括号内为相应检验对应的 p 值。

三、贸易开放的内生性检验结果与分析

表 5 – 13 报告了贸易开放对中国制造业行业偏向性技术进步影响的长动态面板数据模型 LSDVC 估计结果，列（1）~列（3）中的检验结果均显示，当采用 Anderson-Hsiao 估计量、Arellano-Bond 差分 GMM 估计量和 Blundell-Bond 系统 GMM 估计量作为 LSDVC 的偏差校正初始值时，贸易开放的回归系数均在 1% 的检验水平下显著为负值，即贸易开放变化与技术进步引起的资本 – 劳动边际技术替代率变化负相关，这意味着贸易开放扩大会抑制中国制造业行业技术进步偏向资本，换言之，贸易开放能够有效促进

中国制造业行业技术进步偏向劳动，这与基准回归中的实证结论一致。

表 5-13　贸易开放对偏向性技术进步影响的长动态面板模型估计结果

指标	（1） Arellano-Bond 差分 GMM	（2） Anderson-Hsiao 估计量	（3） Blundell-Bond 系统 GMM
L. Bias	0.790 *** （30.25）	0.790 *** （30.88）	0.820 *** （32.55）
Trade	-0.168 *** （-2.77）	-0.169 *** （-2.78）	-0.198 *** （-3.04）
ln*KL*	0.191 *** （3.13）	0.186 *** （2.94）	0.207 *** （3.09）
FDI	0.143 （0.59）	0.049 （0.17）	0.073 （0.27）
State	-0.856 *** （-4.54）	-0.899 *** （-4.41）	-0.917 *** （-4.65）
Competition	0.366 ** （2.26）	0.361 * （1.87）	0.372 ** （2.11）
个体效应	控制	控制	控制
时间效应	控制	控制	控制
观测值	756	756	756

注：***、**、*分别表示在 1%、5%、10% 的检验水平下显著，解释变量小括号内为参数估计的 Z 统计量的值，统计量小括号内为相应检验对应的 p 值。

四、贸易开放的稳健性回归结果与分析

本书构建贸易开放对中国制造业行业偏向性技术进步影响的对数 - 线性模型来检验结论的稳健性：

$$\ln Bias_{it} = \alpha_1 Trade_{it} + \alpha_2 FDI_{it} + \alpha_3 State_{it} + \alpha_4 \ln KL_{it}$$
$$+ \alpha_5 Competition_{it} + \eta_i + \eta_t + \mu_{it} \qquad (5-8)$$

表 5-14 报告了式（5-8）的贸易开放对中国制造业行业偏向性技术进步影响的稳健性检验结果，鉴于加入更多的控制变量有利于降低遗漏重要偏误，因此，本书采用列（3）和列（6）的稳健性检验结果进行分析。当控制资本密集度（KL）、外商直接投资（FDI）、国有工业经济比重（State）和市场竞争程度（Competition）、个体效应和时间效应后等因素时，面板校正标准误差（PCSE）和全面 FGLS 估计结果均显示贸易开放度（Trade）的回归系数显著为负值，这再次说明贸易开放扩大抑制了中国制造业行业技术进步引起的资本 – 劳动边际技术替代率下降。

表 5-14　　　　贸易开放对偏向性技术进步影响的稳健性检验

指标	（1）	（2）	（3）	（4）	（5）	（6）
Trade	-0.190 ** (-1.99)	0.035 (0.38)	-0.158 * (-1.78)	-0.118 *** (-9.82)	-0.003 (-0.15)	-0.119 *** (-11.69)
lnKL	0.542 *** (3.96)		0.549 *** (4.21)	0.464 *** (37.83)		0.492 *** (44.07)
FDI	1.248 *** (2.88)		0.683 * (1.68)	1.051 *** (24.45)		0.867 *** (21.16)
State		-1.346 *** (-5.52)	-0.986 *** (-4.87)		-0.519 *** (-17.06)	-0.343 *** (-14.66)
Competition		0.605 ** (2.12)	0.619 *** (2.60)		0.566 *** (25.03)	0.420 *** (15.98)
常数项	-1.252 *** (-7.99)	-0.412 ** (-2.42)	-0.964 *** (-5.19)	-1.147 *** (-6.48)	-0.597 *** (-4.20)	-1.173 *** (-8.08)
个体效应	控制	控制	控制	控制	控制	控制
时间效应	控制	控制	控制	控制	控制	控制
Wald				1340.32 (0.00)	4876.60 (0.00)	1403.04 (0.00)
Wooldridge				59.970 (0.00)	80.317 (0.00)	59.936 (0.00)

续表

指标	(1)	(2)	(3)	(4)	(5)	(6)
Breusch-Pagan LM				2833.013 (0.00)	3011.177 (0.00)	2595.769 (0.00)
观测值	783	783	783	783	783	783
R-squared	0.563	0.528	0.590			

注：***、**、*分别表示在1%、5%、10%的检验水平下显著，解释变量小括号内为参数估计的Z统计量的值，统计量小括号内为相应检验对应的p值。

五、贸易开放的样本异质性检验结果与分析

表5-15分别报告了基于线性-对数模型和对数-线性模型的分样本检验结果，从中可以看出，当使用这两种模型时，无论是全球金融危机前还是全球金融危机后，贸易开放的回归系数均不显著。

表5-15 贸易开放对偏向性技术进步影响的样本异质性（一）

指标	线性-线性		对数-线性	
	1992~2008年	2009~2020年	1992~2008年	2009~2020年
Trade	-0.053 (-0.88)	0.038 (0.24)	0.011 (0.12)	0.011 (0.11)
ln*KL*	-0.056 (-0.57)	0.782 ** (2.29)	0.166 (1.31)	0.429 ** (2.15)
FDI	1.185 *** (3.72)	-2.217 *** (-2.68)	1.318 *** (3.43)	-1.572 *** (-3.36)
State	-0.331 ** (-2.01)	-2.245 (-1.46)	-0.360 ** (-1.99)	-1.673 (-1.46)
Competition	-0.435 ** (-2.07)	3.697 *** (4.22)	-0.310 (-1.11)	2.389 *** (4.39)

续表

指标	线性 - 线性		对数 - 线性	
	1992 ~ 2008 年	2009 ~ 2020 年	1992 ~ 2008 年	2009 ~ 2020 年
常数项	0.430 *** (2.89)	1.718 ** (2.42)	- 1.097 *** (- 5.53)	0.616 (1.49)
个体效应	控制	控制	控制	控制
时间效应	控制	控制	控制	控制
观测值	432	324	432	324
R-squared	0.639	0.652	0.607	0.627

注：*** 、** 、* 分别表示在 1% 、5% 、10% 的检验水平下显著，解释变量小括号内为参数估计的 Z 统计量的值，统计量小括号内为相应检验对应的 p 值。

进一步地，表 5 - 16 分别报告了基于线性 - 对数模型和对数 - 对数模型进行的分样本检验，这两种模型的检验结果均表明全球金融危机前贸易开放的回归系数在 1% 的检验水平显著为正值，全球金融危机后贸易开放的回归系数为负值且不显著。因此，全球金融危机前贸易开放有利于中国制造业行业技术进步偏向资本。

表 5 - 16　　　贸易开放对偏向性技术进步影响的样本异质性（二）

指标	线性 - 对数		对数 - 对数	
	1992 ~ 2008 年	2009 ~ 2020 年	1992 ~ 2008 年	2009 ~ 2020 年
$\ln Trade$	0.282 *** (2.99)	- 0.137 (- 1.20)	0.317 *** (2.83)	- 0.096 (- 1.39)
$\ln KL$	0.056 (0.44)	0.988 *** (3.09)	0.368 ** (2.21)	0.604 *** (3.24)
$\ln FDI$	- 0.048 (- 0.61)	0.010 (0.09)	- 0.180 (- 1.44)	- 0.089 (- 1.35)
$\ln State$	- 0.188 *** (- 2.78)	0.188 * (1.81)	- 0.254 *** (- 2.68)	0.117 * (1.92)

续表

指标	线性 - 对数		对数 - 对数	
	1992 ~ 2008 年	2009 ~ 2020 年	1992 ~ 2008 年	2009 ~ 2020 年
ln*Competition*	- 0. 282 *** (- 3. 06)	1. 739 *** (4. 04)	- 0. 271 ** (- 2. 29)	1. 021 *** (4. 28)
常数项	0. 116 (0. 48)	3. 688 *** (4. 04)	- 1. 606 *** (- 4. 80)	1. 545 *** (2. 81)
个体效应	控制	控制	控制	控制
时间效应	控制	控制	控制	控制
观测值	432	322	432	322
R-squared	0. 657	0. 646	0. 626	0. 607

注：***、**、* 分别表示在 1%、5%、10% 的检验水平下显著，解释变量小括号内为参数估计的 Z 统计量的值，统计量小括号内为相应检验对应的 p 值。

第四节　本 章 评 述

现有文献很少系统考察国际贸易对技术进步偏向的影响。本书利用中国制造业 1992 ~ 2020 年 27 个行业的长面板数据，基于基准回归、内生性检验、稳健性检验、样本异质性检验实证研究了市场经济体制确立以来不同流向的国际贸易对中国制造业行业偏向性技术进步的影响，丰富了国际贸易与偏向性技术进步之间的经验关系。

第六章
国际贸易对中国制造业偏向性技术进步情境下 TFP 影响的实证研究

作为生产率增长的重要来源，技术进步源自中性技术进步还是偏向性技术进步是理解生产率改善的重要问题（Yu & Hsu，2012）。然而，现有文献更多地关注中性技术进步对全要素生产率（TFP）的影响，几乎忽略了偏向性技术进步对全要素生产率的效应（Antonelli & Quatraro，2010），从而无法全面识别技术进步在全要素生产率变化中的作用。安东内利（Antonelli，2016）提出的技术一致性理论（technological congruence）表明，若技术进步偏向于相对稀缺（丰裕）因而相对昂贵（便宜）的生产要素，该种要素偏向性技术进步对全要素生产率提升产生消极（积极）影响。

通常认为国际贸易是技术进步和生产率增长的重要来源，第五章的实证研究结果表明国际贸易通常抑制了中国制造业行业技术进步偏向资本。在对外贸易发展进程中，中国制造业经历了明显的资本深化扩张，如果国际贸易不利于技术进步偏向变得相对丰裕的资本，那么将对偏向性技术进步情境下 TFP 产生什么样的影响？国际贸易会抑制偏向性技术进步情境下 TFP 增长还是会促进偏向性技术进步情境下 TFP 增长，其影响机制是什么？国际贸易有利于适宜性偏向性技术进步效应还是有利于要素增强型技术进步效应？本章在第五章的研究基础上，以 1992 ~ 2020 年中国制造业 27 个行业的长面板数据为研究对象，试图对上述一系列问题进行进一步考察。

第一节　进口渗透率对偏向性技术进步情境下 TFP 影响的实证研究

一、进口渗透率的模型设定与基准回归结果与分析

为考察进口渗透率对中国制造业行业偏向性技术进步情境下 TFP 的影响，本书构建的基准计量模型为：

$$\ln TFP_{it}^{Bias} = \alpha_1 IM_{it} + \alpha_2 \ln KL_{it} + \alpha_3 FDI_{it} + \alpha_4 State_{it}$$
$$+ \alpha_5 Competition_{it} + \eta_i + \eta_t + \mu_{it} \qquad (6-1)$$

式（6 - 1）中，被解释变量 $\ln TFP_{it}^{Bias}$ 是第四章的偏向性技术进步情境下 TFP 水平的对数，进口渗透率（IM）、资本密集度（KL）、外商直接投资（FDI）、国有工业经济比重（State）、市场竞争程度（Competition）等解释变量的具体含义与测度方法与第五章的相同，它们既是偏向性技术进步的重要影响因素，也是偏向性技术进步情境下 TFP 的主要影响因素。总样本中 TFP 相关变量描述性统计结果如表 6 - 1 所示。

表 6 - 1　　　　　　　总样本中 TFP 相关变量描述性统计

指标	观测值	平均值	标准误	最小值	最大值
$\ln TFP$	783	0.001	0.577	-2.025	1.416
$\ln ABTC$	783	-0.295	0.623	-8.093	0.854
$\ln FATC$	783	0.296	0.745	-1.787	7.143
$TFPG$	756	0.073	0.159	-0.521	1.692

表 6 - 2 报告了式（6 - 1）的进口渗透率对 1992 ~ 2020 年中国制造业 27 个行业偏向性进步情境下 TFP 影响的基准回归结果。

表6-2   进口渗透率对偏向性技术进步情境下 TFP 影响的基准估计结果

指标	(1)	(2)	(3)	(4)	(5)	(6)
	LSDV + 面板校正标准误差（PCSE）			全面 FGLS 估计		
IM	-0.208 ** (-2.02)	-0.068 (-0.55)	-0.222 ** (-2.14)	-0.083 *** (-5.80)	0.050 *** (9.64)	-0.086 *** (-11.94)
lnKL	-0.366 *** (-5.81)		-0.365 *** (-5.77)	-0.277 *** (-48.79)		-0.286 *** (-60.48)
FDI	1.059 *** (5.84)		0.963 *** (5.52)	0.848 *** (36.53)		0.788 *** (58.29)
State		-0.273 ** (-2.20)	-0.188 * (-1.93)		-0.129 *** (-98.27)	-0.095 *** (-50.19)
Competition		0.231 (1.45)	0.179 (1.41)		-0.127 *** (-25.76)	-0.132 *** (-13.03)
常数项	-0.972 *** (-11.76)	-0.917 *** (-10.40)	-0.938 *** (-10.01)	-0.975 *** (-11.17)	-0.850 *** (-13.89)	-0.886 *** (-11.77)
个体效应	控制	控制	控制	控制	控制	控制
时间效应	控制	控制	控制	控制	控制	控制
Wald				962.04 (0.00)	575.62 (0.00)	910.02 (0.00)
Wooldridge				205.016 (0.00)	258.858 (0.00)	197.465 (0.00)
Breusch-Pagan LM				2385.278 (0.00)	3118.797 (0.00)	2416.961 (0.00)
观测值	783	783	783	783	783	783
R-squared	0.829	0.808	0.830			

注：***、**、*分别表示在1%、5%、10%的检验水平下显著，解释变量小括号内为参数估计的 Z 统计量的值，统计量小括号内为相应检验对应的 p 值。

表6-2中，列（1）～列（3）为进口渗透率对偏向性技术进步情境下 TFP 影响的 LSDV + 面板校正标准误差（PCSE）的估计结果，列（4）～列

（6）为进口渗透率对偏向性技术进步情境下 TFP 影响的全面 FGLS 的估计结果，从中可以得到以下主要结论。

第一，当控制资本密集度和外商直接投资的影响后，两种估计方法的结果均显示进口渗透率的回归系数显著为负值。当控制国有工业经济比重和市场竞争程度后，在 LSDV + 面板校正标准误差（PCSE）的估计结果中，进口渗透率的回归系数为负值但不显著，在全面 FGLS 的估计结果中，进口渗透率的系数显著为正值。在控制资本密集度、外商直接投资、国有工业经济比重和市场竞争程度后，两种估计方法的结果均显示进口渗透率的回归系数显著为负值。由于列（3）和列（6）控制了偏向性技术进步情境下 TFP 的多个重要影响因素，因此本书采用该结果进行分析，也就是说进口渗透率变化与中国制造业行业偏向技术进步情境下 TFP 变化显著负相关，这表明提高进口渗透率抑制了中国制造业行业偏向性技术进步情境下 TFP 增长。

第二，两种不同估计方法的估计结果均显示资本密集度（KL）对数的回归系数在 1% 的检验水平下显著为负值，这表明资本密集度提高并不利于中国制造业行业偏向性技术进步情境下 TFP 增长。两种不同估计方法的结果均显示外商直接投资（FDI）的回归系数显著为正值，这表明外商直接投资流入有利于促进中国制造业行业偏向性技术进步情境下 TFP 增长。两种不同估计方法的实证结果均显示国有工业经济比重（State）的回归系数显著为负值，这说明随着市场化深入发展，国有工业经济比重下降，非国有工业经济比重上升，有利于促进中国制造业行业 TFP 增长。Wald、Wooldridge、Breusch-Pagan LM 检验表明随机扰动项中存在组间异方差、组内自相关和同期相关，因此选择更有效率的 FGLS 估计结果，列（6）显示市场竞争程度（Competition）的回归系数在 1% 的检验水平下显著为负值，这说明市场结构中大中型企业扩张可能会引起垄断程度提高，不利于中国制造业行业偏向性技术进步情境下 TFP 增长。

二、进口渗透率的内生性检验结果与分析

进口渗透率对偏向性技术进步情境下 TFP 影响的模型中可能存在内生性问题。首先，从理论上看，TFP 增长能够塑造企业在国际贸易中的竞争优势，国际贸易与 TFP 可能存在反向因果关系。此外，实证模型中存在不可观测的变量等因素归入随机误差项，以及变量遗漏都可能导致模型存在内生性问题。

本书使用进口渗透率的滞后项和外商直接投资企业数的组合作为工具变量，这是因为在一定时期内进口贸易往往具有需求上的惯性，因此，滞后期进口渗透率与当期进口渗透率存在一定的关联。此外，外商直接投资企业通常具有的技术优势、产品优势、管理优势等，在加工贸易中占据重要地位，它在中国对外贸易发展中扮演着重要的角色，因此与进口贸易具有较大关系，但外商直接投资企业数并不会单独对 TFP 产生影响。

本书采用两阶段最小二乘法（2SLS）进行估计，表 6 - 3 报告了进口渗透率对偏向性技术进步情境下 TFP 的影响 2SLS 估计结果，列（1）中的工具变量是滞后一期的对数进口渗透率和外商直接投资企业数量占比，从中可以看出，Sargan 统计量的过度识别检验结果在 1% 的检验水平下无法拒绝工具变量外生的原假设，即所选择的工具变量是外生的，与扰动项不相关。F 统计量值大于 10，且相应的 p 值为 0，这说明本书所选择的工具变量与内生变量相关。进一步地，最小特征统计量（minimum eigenvalue）明显大于临界值，即最小特征统计量在"真实显著性水平"不超过 10% 时，强烈拒绝弱工具变量的原假设，因此，本书的工具变量是有效的。同样地，列（2）中的工具变量是滞后一期和滞后二期的对数进口渗透率列，Sargan 统计量、F 统计量、最小特征统计量（minimum eigenvalue）的检验结果表明这一工具变量是外生的和有效的，列（3）中的工具变量是制造业行业进口渗透率的平均值和外商直接投资企业数，该工具变量同样也满足与扰动项无关，与内生变量有关的要求。

表 6 – 3　　进口对偏向性技术进步情境下 TFP 影响的 2SLS 检验结果

指标	(1)	(2)	(3)
	2SLS	2SLS	2SLS
IM	– 0. 059 *** (– 5. 59)	– 0. 061 *** (– 5. 77)	– 0. 514 *** (– 5. 06)
lnKL	0. 275 *** (12. 53)	0. 306 *** (13. 55)	0. 124 ** (2. 48)
FD	– 0. 402 *** (– 3. 56)	– 0. 341 *** (– 3. 00)	0. 592 ** (2. 05)
State	– 1. 638 *** (– 19. 99)	– 1. 764 *** (– 21. 46)	– 1. 431 *** (– 7. 56)
Competition	0. 859 *** (7. 41)	0. 918 *** (7. 93)	0. 857 *** (4. 10)
常数项	– 0. 539 *** (– 9. 01)	– 0. 627 *** (– 10. 32)	– 1. 804 *** (– 6. 46)
Sargan	0. 627689 (0. 4282)	1. 64871 (0. 1991)	0. 139328 (0. 7089)
F	6354. 67 (0. 000)	6268. 22 (0. 000)	20. 1763 (0. 000)
minimum eigenvalue	6354. 67	6268. 22	20. 1763
10% 的临界值	19. 93	19. 93	11. 59[#]
观测值	756	729	783

注: *** 、 ** 、 * 分别表示在1% 、5% 、10% 的检验水平下显著,解释变量小括号内为参数估计的 Z 统计量的值,统计量小括号内为相应检验对应的 p 值。表中列 (3) 的临界值为15% 的"真实显著性水平"。

表 6 – 3 列 (1)~列 (3) 中的进口渗透率的回归系数均显著为负值,这说明内生性检验结果仍然支持进口渗透率变化与中国制造业行业偏向性技术进步情境下 TFP 的负向关系。

三、进口渗透率的影响机制检验结果与分析

一般而言，中国制造业大量进口国外的技术和设备，进口产品中可能包含较多的生产技术，既为本国提供了技术模仿和引进的机会，同时本国产品在与外国产品在国内消费市场上的竞争也为本国技术进步研发提供更多的激励，但由于要素替代弹性并非单位弹性，制造业进口产品具有的技术溢出效应可能使得中国制造业行业技术进步的资本－劳动边际技术替代率下降。在引进新技术、机器、设备的同时，若发展中国家缺乏相应的研发资本和人员配套安排，物化和凝结在进口产品中的生产技术往往难以吸收和消化，技术进步偏向与行业的资本禀赋结构不一致可能并不利于生产率增长。因此，行业国内研发投入水平在进口贸易对偏向性技术进步情境下 TFP 影响中可能起到重要的调节作用。为检验行业国内研发投入水平在进口渗透率对中国制造业行业偏向性技术进步情境下 TFP 影响中的调节作用，本书构建的研发投入机制检验模型如下：

$$\ln TFP_{it}^{Bias} = \alpha_1 IM_{it} + \alpha_2 RD_{it} + \alpha_3 IM_{it} \times RD_{it} + \alpha_4 FDI_{it} + \alpha_5 State_{it}$$
$$+ \alpha_6 \ln KL_{it} + \alpha_7 Competition_{it} + \eta_i + \eta_t + \mu_{it} \qquad (6-2)$$

式（6-2）中，RD_{it} 表示研发经费投入强度，衡量方法与景维民和张璐（2014）、杨翔等（2019）的做法类似，本书使用技术开发经费与主营业务收入之比表示，其中 2009 年后的技术开发经费由引进国外技术经费支出、引进技术消化吸收经费支出、购买国内技术经费支出、技术改造经费支出四项之和得到。

表6-4 报告了式（6-2）的研发投入在进口渗透率对中国制造业行业偏向性技术进步情境下 TFP 影响的调节机制检验结果。从列（2）和列（4）中可以看出，当控制了研发投入、资本密集度、外商直接投资、国有工业经济比重和市场化竞争后，两种估计方法均显示进口渗透率与研发投入强度的交互项系数在 1% 的检验水平下显著为正值，由于进口渗透率变化显著抑制了中国制造业行业技术进步情境下 TFP 增长，因此，研发投入

强度提升会增强进口渗透率对 TFP 的抑制作用。这进一步说明研发努力强化了进口渗透率的生产率抑制效应。

表 6 - 4　　　　　　　　　　　研发投入机制的估计结果

指标	（1）	（2）	（3）	（4）
	面板校正标准误差（PCSE）		全面 FGLS 估计	
IM	- 0. 027 （- 0. 19）	- 0. 375 *** （- 3. 09）	- 0. 046 *** （- 5. 49）	- 0. 241 *** （- 26. 72）
IM × RD	4. 579 （1. 24）	13. 873 *** （3. 21）	5. 639 *** （28. 86）	8. 510 *** （20. 75）
RD	12. 095 *** （2. 91）	8. 761 ** （2. 04）	1. 092 *** （7. 78）	- 0. 171 （- 1. 15）
lnKL		- 0. 328 *** （- 5. 05）		- 0. 286 *** （- 63. 45）
FDI		1. 089 *** （6. 05）		0. 840 *** （56. 06）
State		- 0. 183 * （- 1. 87）		- 0. 102 *** （- 31. 76）
Competition		0. 337 *** （2. 68）		- 0. 062 *** （- 5. 67）
常数项	- 0. 940 *** （- 12. 77）	- 1. 021 *** （- 10. 79）	- 0. 919 *** （- 11. 70）	- 0. 894 *** （- 12. 82）
个体效应	控制	控制	控制	控制
时间效应	控制	控制	控制	控制
Wald			570. 67 （0. 00）	849. 64 （0. 00）
Wooldridge			386. 903 （0. 00）	360. 677 （0. 00）

续表

指标	（1）	（2）	（3）	（4）
	面板校正标准误差（PCSE）		全面 FGLS 估计	
Breusch-Pagan LM			3097.947 (0.00)	2380.020 (0.00)
观测值	783	783	783	783
R-squared	0.818	0.843		

注：***、**、* 分别表示在 1%、5%、10% 的检验水平下显著，解释变量小括号内为参数估计的 Z 统计量的值，统计量小括号内为相应检验对应的 p 值。

进口贸易中先进机器、设备和其他技术产品的利用与人力资本状态有关，进口消费品与本国产品在消费市场上竞争引发的技术变革也需要人力资本来支持。对于人力资本较多的行业，消化、吸收和使用进口贸易品中隐含的知识和技能更为便利，对于人力资本缺乏的行业，难以有效地获取进口技术溢出。因此，行业人力资本状态在进口贸易对偏向性技术进步情境下 TFP 影响中同样起到重要的调节作用，本书构建的人力资本调节机制检验模型为：

$$\ln TFP_{it}^{Bias} = \alpha_1 IM_{it} + \alpha_2 HCI_{it} + \alpha_3 IM_{it} \times HCI_{it} + \alpha_4 FDI_{it} + \alpha_5 State_{it}$$
$$+ \alpha_6 \ln KL_{it} + \alpha_7 Competition_{it} + \eta_i + \eta_t + \mu_{it} \qquad (6-3)$$

式（6-3）中，HCI_{it} 表示行业人力资本，本书与夏良科（2010）、程时雄和柳剑平（2014）的做法类似，采用行业科技活动人员数与规模以上就业人员数之比表示。

表 6-5 报告了式（6-3）的人力资本在进口渗透率对中国制造业行业偏向性技术进步情境下 TFP 影响的调节机制检验结果，从列（2）和列（4）中可以看出，当控制了其他因素后，两种估计方法均显示人力资本与研发投入强度的交互项系数在 1% 的检验水平下显著为正值，这说明人力资本上升会放大进口渗透率对 TFP 的抑制作用。

表6–5 人力资本机制的估计结果

指标	(1)	(2)	(3)	(4)
IM	−0.081 (−0.65)	−0.410*** (−3.95)	−0.071*** (−9.11)	−0.281*** (−20.35)
IM×HCI	6.716*** (4.59)	9.989*** (5.88)	6.253*** (45.91)	8.775*** (36.75)
HCI	6.797*** (3.47)	4.894*** (2.90)	0.539*** (4.17)	0.159 (1.13)
lnKL		−0.354*** (−5.81)		−0.285*** (−71.48)
FDI		1.033*** (5.50)		0.878*** (53.34)
State		−0.205** (−2.19)		−0.110*** (−30.41)
Competition		0.357*** (2.81)		−0.071*** (−5.88)
常数项	−0.853*** (−11.71)	−0.918*** (−10.33)	−0.934*** (−12.96)	−0.881*** (−15.14)
个体效应	控制	控制	控制	控制
时间效应	控制	控制	控制	控制
Wald			544.92 (0.00)	792.55 (0.00)
Wooldridge			403.809 (0.00)	346.624 (0.00)
Breusch-Pagan LM			3047.170 (0.00)	2294.770 (0.00)
观测值	783	783	783	783
R-squared	0.821	0.848		

注：***、**、*分别表示在1%、5%、10%的检验水平下显著，解释变量小括号内为参数估计的 Z 统计量的值，统计量小括号内为相应检验对应的 p 值。

四、进口渗透率的作用渠道扩展性检验结果与分析

前文的研究表明进口渗透率抑制了中国制造业行业偏向性技术进步情境下 TFP 增长，结合第四章偏向性技术进步情境下 TFP 的内部效应和来源，本书试图进一步考察进口渗透率是通过适宜性技术进步效应还是通过要素增强型技术进步效应作用于偏向性技术进步情境下 TFP 变化。

根据第四章的分析，偏向性技术进步情境下 TFP 包含两部分，一部分是反映偏向性技术进步与有效要素禀赋结构适宜性的偏向性技术进步效应，简称适宜偏向性技术进步效应（appropriate biased technological change，ABTC），另一部分为反映要素边际生产率变化效应的要素增强型技术进步效应（factor-augmenting technological change，FATC）。

适宜性偏向性技术进步效应为：

$$\ln ABTC_{it} = \pi_{i0}(1-\pi_{i0})\ln\left(\frac{\Gamma_{it}^K/\Gamma_{i0}^K}{\Gamma_{it}^L/\Gamma_{i0}^L}\right)^{\frac{\sigma_i-1}{\sigma_i}}\ln\left[\left(\frac{\Gamma_{it}^K/\Gamma_{i0}^K}{\Gamma_{it}^L/\Gamma_{i0}^L}\right)^{\frac{1}{2}}\frac{K_{it}/K_{i0}}{L_{it}/L_{i0}}\right] \quad (6-4)$$

要素增强型技术进步效应为：

$$\ln FATC_{it} = \pi_{i0}\ln\frac{\Gamma_{it}^K}{\Gamma_{i0}^K} + (1-\pi_{i0})\ln\frac{\Gamma_{it}^L}{\Gamma_{i0}^L} \quad (6-5)$$

进口渗透率对适宜性偏向性技术进步效应影响的检验模型为：

$$\ln ABTC_{it} = \alpha_1 IM_{it} + \alpha_2 \ln KL_{it} + \alpha_3 FDI_{it} + \alpha_4 State_{it}$$
$$+ \alpha_5 Competition_{it} + \eta_i + \eta_t + \mu_{it} \quad (6-6)$$

表 6-6 报告了式（6-6）进口渗透率对适宜性偏向性技术进步效应的影响结果，从中可以看出，进口渗透率的回归系数为 0.095，在 1% 的检验水平下显著，这说明进口渗透率变化引起的适宜性技术进步效应同向变化，即进口渗透率上升提高了偏向性进步与有效要素投入结构之间的适宜性。换言之，进口渗透率对偏向性技术进步情境下 TFP 的抑制作用并非是通过适宜性偏向性技术进步效应渠道。本书还构建了适宜性偏向性技术进步效应与进口渗透率的对数-对数模型，进口渗透率的回归系数仍显著为正值，

这说明上述结论依然是稳健性的。

表 6-6　　进口渗透率对适宜性偏向性技术进步效应影响的检验结果

类别	指标	指标值	类别	指标	指标值
对数-线性模型	*IM*	0.095 *** (5.31)	对数-对数模型	ln*IM*	0.049 *** (26.61)
	lnKL	0.212 *** (27.65)		lnKL	0.207 *** (24.38)
	FDI	0.830 *** (28.72)		*FDI*	0.753 *** (24.33)
	State	0.064 *** (3.15)		*State*	0.059 *** (3.07)
	Competition	0.508 *** (28.07)		*Competition*	0.469 *** (23.49)
	常数项	-1.491 *** (-6.68)		常数项	-1.330 *** (-5.97)
	个体效应	控制		个体效应	控制
	时间效应	控制		时间效应	控制
	观测值	783		观测值	783

注：*** 、 ** 、 * 分别表示在 1% 、5% 、10% 的检验水平下显著，解释变量小括号内为参数估计的 Z 统计量的值，统计量小括号内为相应检验对应的 p 值。

进口渗透率对要素增强型技术进步效应影响的检验模型为：

$$\ln FATC_{it} = \alpha'_1 IM_{it} + \alpha'_2 \ln KL_{it} + \alpha'_3 FDI_{it} + \alpha'_4 State_{it}$$
$$+ \alpha'_5 Competition_{it} + \eta'_i + \eta'_t + \mu'_{it} \qquad (6-7)$$

表 6-7 报告了式（6-7）进口渗透率对要素增强型技术进步效应的影响结果，从中可以看出，进口渗透率的回归系数为 -0.169，在 1% 的检验水平下显著，这说明进口渗透率变化引起要素增强型技术进步效应反向变化。进一步地，本书还构建了要素增强型技术进步效应与进口渗透率的对

数 – 对数模型，进口渗透率的系数在 1% 检验水平下显著为负，该检验结果仍然支持上述结论。

表 6 – 7　　　　进口渗透率对要素增强型技术进步效应影响的检验结果

类别	指标	指标值	类别	指标	指标值
对数 – 线性模型	*IM*	– 0. 169 *** (– 6. 83)	对数 – 对数模型	ln*IM*	– 0. 128 *** (– 67. 07)
	ln*KL*	– 0. 547 *** (– 57. 94)		ln*KL*	– 0. 524 *** (– 59. 33)
	FDI	– 0. 407 *** (– 10. 45)		*FDI*	– 0. 246 *** (– 6. 21)
	State	– 0. 253 *** (– 14. 02)		*State*	– 0. 239 *** (– 16. 89)
	Competition	– 0. 396 *** (– 14. 73)		*Competition*	– 0. 360 *** (– 15. 80)
	常数项	0. 783 *** (3. 73)		常数项	0. 407 * (1. 88)
	个体效应	控制		个体效应	控制
	时间效应	控制		时间效应	控制
	观测值	783		观测值	783

注：***、**、* 分别表示在 1%、5%、10% 的检验水平下显著，解释变量小括号内为参数估计的 Z 统计量的值，统计量小括号内为相应检验对应的 p 值。

由此我们进一步发现，进口渗透率扩大是通过要素增强型技术进步效应抑制了偏向性技术进步情境下 TFP 增长。其可能的原因是，中国制造业大规模资本深化引起过高的资本边际生产率递减效应，进口渗透率对适宜性偏向性技术进步效应的促进作用不足以抵消它对要素增强型技术进步效应的抑制作用，最终导致进口渗透率扩大抑制了偏向性技术进步情境下 TFP 增长。

五、进口渗透率的样本异质性检验结果与分析

对于中国制造业行业的长面板，样本异质性除体现在回归模型中每个行业有自己的截距项和时间趋势项外，还体现在每个个体回归方程斜率的差异性，本书使用随机系数模型考察样本异质性的具体表现。首先利用 OLS 残差估计协方差矩阵中的回归参数，然后再使用 GLS 对长面板数据进行估计，即采用 FGLS 估计随机系数模型。参数稳定性检验的 Chi-square 统计量及其 p 值强烈拒绝了参数不变的原假设，因此使用随机变系数模型进行估计。

表 6-8 报告了各行业进口渗透率对行业偏向性技术进步情境下 TFP 影响的系数估计结果，其中，本书建立了因变量与自变量的线性－线性模型、对数－线性模型、线性－对数模型和对数－对数模型进行估计，当控制了其他影响因素后，综合比较四类模型的结果，我们发现食品制造业，酒、饮料和精制茶制造业，文教、工美、体育和娱乐用品制造业，医药制造业，交通运输设备制造业，电气机械和器材制造业，仪器仪表制造业等行业的进口渗透率扩张显著促进了该行业偏向性技术进步情境下 TFP 增长，这些行业既有劳动密集型行业，也有研发密集型行业，还有资本密集型行业。纺织业、造纸和纸制品业、印刷和记录媒介复制业等劳动密集型行业以及化学纤维制造业，通用设备制造业，计算机、通信和其他电子设备制造业等研发密集型行业的进口渗透率上升显著抑制了该行业偏向性技术进步情境下 TFP 增长。相比较而言，余下 14 个行业的进口渗透率回归系数通常不够显著或者不显著。

表 6 - 8　进口渗透率对偏向性技术进步情景下 TFP 影响的样本异质性

行业名称	线性 - 线性模型	对数 - 线性模型	线性 - 对数模型	对数 - 对数模型	控制变量
农副食品加工业	0.930 (0.36)	-2.319 (-0.95)	0.315* (1.7)	0.035 (0.2)	是
食品制造业	11.738*** (3.2)	5.210 (1.45)	0.469*** (3.67)	0.372*** (3.06)	是
酒、饮料和精制茶制造业	52.339*** (8.38)	33.832*** (7.56)	0.656*** (5.39)	0.538*** (6.28)	是
烟草制品业	-1.197 (-0.25)	-1.743 (-0.41)	0.002 (0.05)	-0.007 (-0.18)	是
纺织业	-3.480* (-1.65)	-6.992*** (-4.52)	0.334 (1.05)	-0.515** (-2.03)	是
纺织服装、服饰业	8.167* (1.72)	-0.589 (-0.17)	0.249 (1.42)	0.015 (0.11)	是
皮革、毛皮、羽毛及其制品和制鞋业	0.898 (0.56)	-1.510 (-1.16)	0.358** (2.46)	0.135 (1.07)	是
木材加工和木、竹、藤、棕、草制品业	0.952 (0.56)	-2.776** (-2.53)	0.101 (0.61)	-0.113 (-0.95)	是
家具制造业	3.414 (0.91)	0.535 (0.18)	0.234* (1.72)	0.115 (0.94)	是
造纸和纸制品业	-1.582* (-1.65)	-2.559*** (-3.7)	0.226 (0.99)	-0.256* (-1.65)	是
印刷和记录媒介复制业	-3.851 (-1.5)	-6.777*** (-3.39)	-0.035 (-0.17)	-0.333** (-1.99)	是
文教、工美、体育和娱乐用品制造业	2.587* (1.85)	1.541 (1.41)	0.398*** (3.06)	0.234** (2.1)	是
石油加工、炼焦和核燃料加工业	4.424 (1.42)	4.031 (1.42)	0.301 (1.35)	0.188 (0.95)	是

续表

行业名称	线性－线性模型	对数－线性模型	线性－对数模型	对数－对数模型	控制变量
化学原料和化学制品制造业	－1.286 （－1.45）	－1.687** （－2.38）	0.083 （0.28）	－0.145 （－0.67）	是
医药制造业	14.419*** （6.64）	9.605*** （4.82）	0.580*** （4.7）	0.475*** （4.61）	是
化学纤维制造业	－6.374*** （－5.05）	－6.817*** （－7.86）	－0.494*** （－5.57）	－0.432*** （－6.06）	是
橡胶和塑料制品业	0.105 （0.03）	－5.041 （－1.52）	0.535* （1.79）	0.072 （0.28）	是
非金属矿物制品业	－2.944 （－0.55）	－4.253 （－0.9）	0.041 （0.19）	－0.020 （－0.1）	是
黑色金属冶炼和压延加工业	1.157 （0.69）	1.363 （0.93）	0.401*** （2.58）	0.255* （1.75）	是
有色金属冶炼和压延加工业	－1.691 （－1.52）	－1.115 （－1.06）	－0.183 （－1.03）	－0.083 （－0.52）	是
金属制品业	－1.194 （－0.28）	－6.191* （－1.75）	0.414 （1.48）	0.123 （0.53）	是
通用设备制造业	－2.261*** （－2.89）	－1.619*** （－3.76）	－0.501* （－1.7）	－0.598*** （－3.2）	是
专用设备制造业	－0.132 （－0.25）	－0.120 （－0.34）	0.219 （1.12）	0.007 （0.06）	是
交通运输设备制造业	3.633*** （2.58）	3.983*** （3.66）	0.435** （2.03）	0.579*** （3.26）	是
电气机械和器材制造业	1.998*** （4.01）	1.354*** （3.24）	1.166*** （7.1）	0.767*** （5.99）	是
计算机、通信和其他电子设备制造业	－1.741* （－1.93）	－1.947** （－2.33）	－0.310*** （－3.6）	－0.199** （－2.51）	是

续表

行业名称	线性－线性 模型	对数－线性 模型	线性－对数 模型	对数－对数 模型	控制 变量
仪器仪表制造业	1. 889 *** （5. 52）	0. 799 *** （3. 96）	1. 526 *** （5. 38）	0. 614 *** （3. 27）	是
χ^2	1740. 44 （0. 00）	2149. 38 （0. 00）	1728. 98 （0. 00）	1619. 96 （0. 00）	—

注：***、**、*分别表示在 1%、5%、10% 的检验水平下显著，解释变量小括号内为参数估计的 Z 统计量的值，统计量小括号内为相应检验对应的 p 值。

第二节　出口技术溢出对偏向性技术进步情境下 TFP 影响的实证研究

一、出口技术溢出的模型设定与基准回归结果与分析

本书构建的出口技术溢出对中国制造业行业偏向性技术进步情境下 TFP 影响的基准计量模型为：

$$\ln TFP_{it}^{Bias} = \beta_1 EX_{it} + \beta_2 \ln KL_{it} + \beta_3 FDI_{it} + \beta_4 State_{it}$$
$$+ \beta_5 Competition_{it} + \eta_i + \eta_t + \mu_{it} \qquad (6-8)$$

表 6－9 报告了式（6－8）出口技术溢出对中国制造业行业偏向性技术进步情境下 TFP 影响的实证结果，从列（1）～列（6）可以看出，无论使用 LSDV + 面板校正标准误差（PCSE）的估计方法还是使用全面 FGLS 估计方法，无论是否控制资本密集度、外商直接投资、国有工业经济比重、市场竞争程度等因素，出口技术溢出的回归系数均在 1% 的检验水平下显著，这说明随着出口规模扩大，出口技术溢出能够显著提高偏向性技术进步情境下中国制造业行业 TFP 增长。

表 6 - 9　　　　　出口技术溢出对偏向性技术进步情境下 TFP

影响的长面板基准估计结果

指标	（1）	（2）	（3）	（4）	（5）	（6）
	LSDV + 面板校正标准误差（PCSE）			全面 FGLS 估计		
EX	0. 378 *** (5. 42)	0. 435 *** (6. 22)	0. 441 *** (6. 00)	0. 185 *** (21. 52)	0. 185 *** (21. 14)	0. 166 *** (18. 26)
lnKL	− 0. 339 *** (− 5. 09)		− 0. 329 *** (− 4. 94)	− 0. 289 *** (− 67. 08)		− 0. 301 *** (− 50. 87)
FDI	0. 518 ** (2. 19)		0. 336 (1. 47)	0. 725 *** (33. 70)		0. 690 *** (32. 02)
State		− 0. 127 (− 1. 06)	− 0. 185 * (− 1. 91)		− 0. 117 *** (− 19. 14)	− 0. 097 *** (− 19. 89)
Competition		0. 438 *** (2. 63)	0. 377 *** (2. 68)		− 0. 044 *** (− 3. 62)	− 0. 094 *** (− 7. 56)
常数项	− 0. 965 *** (− 11. 21)	− 1. 148 *** (− 12. 10)	− 1. 001 *** (− 10. 28)	− 0. 994 *** (− 10. 83)	− 0. 912 *** (− 12. 38)	− 0. 918 *** (− 12. 54)
个体效应	控制	控制	控制	控制	控制	控制
时间效应	控制	控制	控制	控制	控制	控制
Wald				754. 32 (0. 00)	507. 11 (0. 00)	700. 47 (0. 00)
Wooldridge				209. 783 (0. 00)	256. 093 (0. 00)	202. 251 (0. 00)
Breusch-Pagan LM				2405. 628 (0. 00)	3103. 588 (0. 00)	2427. 913 (0. 00)
观测值	783	783	783	783	783	783
R-squared	0. 835	0. 821	0. 838			

注：***、**、* 分别表示在1%、5%、10%的检验水平下显著，解释变量小括号内为参数估计的 Z 统计量的值，统计量小括号内为相应检验对应的 p 值。

二、出口技术溢出的内生性检验结果与分析

出口技术溢出对偏向性技术进步情境下 TFP 影响的模型中可能存在内生性问题，本书采用两阶段最小二乘法（2SLS）进行估计，表 6 - 10 报告了出口技术溢出对中国制造业行业偏向性技术进步情境下 TFP 的影响 2SLS 估计结果，列（1）中的工具变量是滞后一期的出口技术溢出和外商直接投资企业数量占比，列（2）中的工具变量是滞后一期和滞后二期的出口技术溢出，列（3）中的工具变量是滞后一期至滞后三期的出口技术溢出。Sargan 统计量、F 统计量、最小特征统计量（minimum eigenvalue）的检验结果表明这些工具变量在特定的检验水平下都满足与扰动项无关，与内生变量有关的要求。

表 6 - 10　　出口对偏向性技术进步情境下 TFP 影响的 2SLS 检验结果

指标	(1)	(2)	(3)
	2SLS	2SLS	2SLS
EX	0. 329 *** (6. 79)	0. 360 *** (7. 58)	0. 388 *** (8. 05)
$\ln KL$	0. 336 *** (15. 19)	0. 377 *** (16. 57)	0. 406 *** (16. 71)
FDI	- 0. 889 *** (- 7. 21)	- 0. 853 *** (- 7. 03)	- 0. 813 *** (- 6. 65)
$State$	- 1. 634 *** (- 20. 11)	- 1. 773 *** (- 21. 97)	- 1. 862 *** (- 22. 84)
$Competition$	0. 907 *** (7. 87)	0. 978 *** (8. 57)	1. 012 *** (8. 68)
常数项	- 0. 473 *** (- 8. 78)	- 0. 583 *** (- 10. 58)	- 0. 661 *** (- 11. 52)

指标	（1）	（2）	（3）
	2SLS	2SLS	2SLS
Sargan	0.811905 （0.3676）	3.29836 （0.0693）	4.32489 （0.1150）
F	4499.56 （0.000）	4914.9 （0.000）	4475.13 （0.000）
minimum eigenvalue	4499.56	4914.9	4914.9
10% 的临界值	19.93	19.93	22.30
观测值	756	729	702
R-squared	0.607	0.632	0.637

注：***、**、* 分别表示在 1%、5%、10% 的检验水平下显著，解释变量小括号内为参数估计的 Z 统计量的值，统计量小括号内为相应检验对应的 p 值。

在内生性检验中，控制了其他影响因素后，表 6 - 10 列（1）~列（3）的出口技术溢出的回归系数均显著为正值，这说明出口规模扩大和出口技术溢出增强能够显著促进中国制造业行业偏向性技术进步情境下 TFP 增长。

三、出口技术溢出的影响机制检验结果与分析

本书构建的研发投入在出口技术溢出对中国制造业行业偏向性技术进步情境下 TFP 影响的机制检验模型为：

$$\ln TFP_{it}^{Bias} = \beta_1 EX_{it} + \beta_2 RD_{it} + \beta_3 EX_{it} \times RD_{it} + \beta_4 FDI_{it} + \beta_5 State_{it}$$
$$+ \beta_6 \ln KL_{it} + \beta_7 Competition_{it} + \eta_i + \eta_t + \mu_{it} \qquad (6-9)$$

表 6 - 11 报告了式（6 - 9）的研发投入机制的长面板数据回归结果，面板校正标准误差（PCSE）和全面 FGLS 估计结果均显示研发投入强度的回归系数显著为正值，即在出口技术溢出模型中，研发投入强度提升能够促进中国制造业偏向性技术进步情境下 TFP 增长。当考虑研发投入后，列（1）~列（4）的检验结果均显示出口技术溢出的系数显著为正值，出口技

术溢出与研发投入强度的交叉项系数显著为正值，这说明出口技术溢出扩大能够显著促进中国制造业行业偏向性技术进步情境下 TFP 增长。

表 6-11　　　　　　　　　　研发投入机制的检验结果

指标	(1)	(2)	(3)	(4)
	面板校正标准误差（PCSE）		全面 FGLS 估计	
EX	0. 361 *** (5. 07)	0. 359 *** (4. 33)	0. 166 *** (17. 76)	0. 142 *** (18. 65)
$EX \times RD$	6. 866 * (1. 80)	7. 882 * (1. 88)	4. 390 *** (12. 53)	7. 279 *** (14. 41)
RD	11. 684 *** (2. 88)	10. 646 ** (2. 56)	1. 398 *** (9. 46)	0. 475 *** (3. 45)
lnKL		− 0. 285 *** (− 4. 23)		− 0. 303 *** (−57. 85)
FDI		0. 461 * (1. 89)		0. 697 *** (32. 27)
$State$		− 0. 185 * (−1. 88)		− 0. 109 *** (− 23. 54)
$Competition$		0. 490 *** (3. 22)		− 0. 041 *** (− 3. 35)
常数项	− 1. 014 *** (− 13. 83)	− 1. 069 *** (− 10. 41)	− 0. 946 *** (− 9. 69)	− 0. 920 *** (− 12. 97)
个体效应	控制	控制	控制	控制
时间效应	控制	控制	控制	控制
Wald			474. 60 (0. 00)	616. 74 (0. 00)
Wooldridge			277. 871 (0. 00)	205. 960 (0. 00)

指标	（1）	（2）	（3）	（4）
	面板校正标准误差（PCSE）		全面 FGLS 估计	
Breusch-Pagan LM			3119.254 （0.00）	2423.602 （0.00）
观测值	783	783	783	783
R-squared	0.831	0.849		

注：***、**、* 分别表示在 1%、5%、10% 的检验水平下显著，解释变量小括号内为参数估计的 Z 统计量的值，统计量小括号内为相应检验对应的 p 值。

本书构建的人力资本在出口技术溢出对中国制造业行业偏向性技术进步情境下 TFP 影响的机制检验模型为：

$$\ln TFP_{it}^{Bias} = \beta_1 EX_{it} + \beta_2 HCI_{it} + \beta_3 EX_{it} \times HCI_{it} + \beta_4 FDI_{it} + \beta_5 State_{it}$$
$$+ \beta_6 \ln KL_{it} + \beta_7 Competition_{it} + \eta_i + \eta_t + \mu_{it} \qquad (6-10)$$

表 6-12 报告了式（6-10）人力资本机制的长面板数据回归结果，两种估计方法的结果均显示人力资本的回归系数显著为正值，出口技术溢出的回归系数显著为正值，出口技术溢出与人力资本的交叉项系数在 1% 的检验水平下显著，这说明提高人力资本投入能够增强出口技术溢出对中国制造业偏向性技术进步情境下 TFP 增长。

表 6-12　　　　　　　　人力资本机制的检验结果

指标	（1）	（2）	（3）	（4）
	面板校正标准误差（PCSE）		全面 FGLS 估计	
EX	0.290 *** （3.90）	0.281 *** （3.60）	0.111 *** （15.57）	0.037 *** （4.46）
EX × HCI	5.563 *** （3.84）	4.815 *** （2.67）	4.494 *** （28.64）	6.189 *** （27.22）

续表

指标	（1）	（2）	（3）	（4）
	面板校正标准误差（PCSE）		全面 FGLS 估计	
HCI	5. 497 *** （2. 94）	6. 703 *** （4. 09）	0. 785 *** （6. 85）	1. 195 *** （8. 38）
ln*KL*		− 0. 312 *** （− 4. 81）		− 0. 293 *** （− 91. 92）
FDI		0. 509 ** （2. 02）		0. 777 *** （50. 00）
State		− 0. 218 ** （− 2. 25）		− 0. 121 *** （− 41. 64）
Competition		0. 484 *** （3. 21）		− 0. 077 *** （− 6. 67）
常数项	− 0. 933 *** （− 12. 24）	− 0. 957 *** （− 10. 03）	− 0. 951 *** （− 11. 78）	− 0. 885 *** （− 14. 40）
个体效应	控制	控制	控制	控制
时间效应	控制	控制	控制	控制
Wald			457. 85 （0. 00）	605. 91 （0. 00）
Wooldridge			266. 875 （0. 00）	195. 220 （0. 00）
Breusch-Pagan LM			3110. 023 （0. 00）	2374. 081 （0. 00）
观测值	783	783	783	783
R-squared	0. 828	0. 849		

注：***、**、*分别表示在 1%、5%、10%的检验水平下显著，解释变量小括号内为参数估计的 Z 统计量的值，统计量小括号内为相应检验对应的 p 值。

四、出口技术溢出的作用渠道扩展性检验结果与分析

为进一步考察出口技术溢出通过适宜性技术进步效应渠道还是要素增强型技术进步效应渠道引起了偏向性技术进步情境下 TFP 增长，本书首先构建了出口技术溢出对适宜性偏向性技术进步效应影响的检验模型为：

$$\ln ABTC_{it} = \beta_1 EX_{it} + \beta_2 \ln KL_{it} + \beta_3 FDI_{it} + \beta_4 State_{it}$$
$$+ \beta_5 Competition_{it} + \eta_i + \eta_t + \mu_{it} \qquad (6-11)$$

表 6-13 报告了式（6-11）出口技术溢出对适宜性偏向性技术进步效应的影响结果，从检验结果来看，出口技术溢出的回归系数为 0.643，在 1% 的检验水平下显著，这说明出口技术溢出变化引起了适宜性偏向性技术进步效应同向变化。因此，出口技术溢出上升能够有效促进偏向性技术进步与有效要素投入结构的适宜性。本书还构建了适宜性偏向性技术进步效应与出口技术溢出的对数 – 对数模型，该检验结果中出口技术溢出的回归系数仍显著为正，这说明上述结论是稳健性的。

表 6-13   出口技术溢出对适宜性偏向性技术进步影响的检验结果

类别	指标	指标值	类别	指标	指标值
对数 – 线性模型	EX	0.643 *** （30.12）	对数 – 对数模型	$\ln EX$	0.153 *** （29.45）
	$\ln KL$	0.236 *** （23.70）		$\ln KL$	0.237 *** （30.86）
	FDI	0.250 *** （5.85）		FDI	0.514 *** （19.18）
	$State$	0.087 *** （4.98）		$State$	0.066 *** （4.21）
	$Competition$	0.645 *** （25.72）		$Competition$	0.475 *** （23.38）

类别	指标	指标值	类别	指标	指标值
对数 – 线性模型	常数项	-1.514^{***} (-6.29)	对数 – 对数模型	常数项	-1.026^{***} (-4.28)
	个体效应	控制		个体效应	控制
	时间效应	控制		时间效应	控制
	观测值	783		观测值	783

注：***、**、* 分别表示在 1%、5%、10% 的检验水平下显著，解释变量小括号内为参数估计的 Z 统计量的值，统计量小括号内为相应检验对应的 p 值。

出口技术溢出对要素增强型技术进步效应影响的检验模型为：

$$\ln FATC_{it} = \beta'_1 EX_{it} + \beta'_2 \ln KL_{it} + \beta'_3 FDI_{it} + \beta'_4 State_{it}$$
$$+ \beta'_5 Competition_{it} + \eta'_i + \eta'_t + \mu'_{it} \qquad (6-12)$$

表 6 – 14 报告了式（6 – 12）出口技术溢出对要素增强型技术进步效应的影响结果，从检验结果可以看出，出口技术溢出的回归系数为 – 0.461，在 1% 的检验水平下显著，这说明出口技术溢出变化引起要素增强型技术进步效应的反向变化。此外，本书还构建了要素增强型技术进步效应与出口技术溢出的对数 – 对数模型，该检验结果中出口技术溢出的回归系数仍显著为负值，两种检验结果的结论一致。

表 6 – 14　　出口技术溢出对要素增强型技术进步影响的检验结果

类别	指标	指标值	类别	指标	指标值
对数 – 线性模型	EX	-0.461^{***} (-19.38)	对数 – 对数模型	$\ln EX$	-0.058^{***} (-6.95)
	$\ln KL$	-0.561^{***} (-44.59)		$\ln KL$	-0.564^{***} (-55.79)
	FDI	0.013 (0.24)		FDI	-0.275^{***} (-6.24)

续表

类别	指标	指标值	类别	指标	指标值
对数 – 线性模型	*State*	-0.259^{***} (-12.37)	对数 – 对数模型	*State*	-0.252^{***} (-12.97)
	Competition	-0.548^{***} (-16.00)		*Competition*	-0.413^{***} (-14.31)
	常数项	0.817^{***} (3.95)		常数项	0.618^{***} (2.93)
	个体效应	控制		个体效应	控制
	时间效应	控制		时间效应	控制
	观测值	783		观测值	783

注：***、**、*分别表示在 1%、5%、10% 的检验水平下显著，解释变量小括号内为参数估计的 Z 统计量的值，统计量小括号内为相应检验对应的 p 值。

由此我们进一步发现，出口技术溢出对偏向性技术进步的促进作用主要是通过适宜性偏向性技术进步效应实现的，由于出口技术溢出对适宜性技术进步效应的促进作用抵消了它对要素增强型技术进步效应的抑制作用，最终使得出口技术溢出效应扩大促进了偏向性技术进步情境下 TFP 增长。这还说明放宽中性技术进步假设，大规模投资在维持制造业复苏和繁荣的同时，还通过资本边际生产率递减效应抑制了出口技术溢出的生产率效应。

五、出口技术溢出的样本异质性检验结果与分析

本书使用随机系数模型考察出口技术溢出对中国制造业行业偏向性技术进步影响的异质性特征。参数稳定性检验的 Chi-square 统计量及其 p 值，强烈拒绝参数不变的原假设，因此使用随机变系数模型进行估计，各行业出口技术溢出对行业偏向性技术进步情境下 TFP 影响的系数估计结果如表 6 – 15 所示。从中可以看出，纺织业，木材加工和木、竹、藤、棕、草制品业，造纸和纸制品业，印刷和记录媒介复制业，石油加工、炼焦和核燃料加工

业，橡胶和塑料制品业，金属制品业，电气机械和器材制造业，仪器仪表制造业等行业的出口技术溢出系数普遍显著为正值，也就是这些行业的出口技术溢出扩张能够普遍促进行业偏向性技术进步情境下 TFP 增长。交通运输设备制造业，计算机、通信和其他电子设备制造业等少数行业的出口技术溢出系数显著为负值，即这些行业的出口规模扩张对偏向性技术进步情境下 TFP 增长有明显的抑制作用。余下其他行业的出口技术溢出系数通常缺乏显著性。

表 6 - 15　　　　出口技术溢出对中国制造业行业偏向性技术
进步影响的样本异质性检验结果

行业名称	线性 - 线性模型	对数 - 线性模型	线性 - 对数模型	对数 - 多数模型	控制变量
农副食品加工业	- 0. 890 (- 0. 46)	- 2. 468 (- 1. 35)	0. 295 (1. 17)	0. 030 (0. 15)	是
食品制造业	- 4. 164 (- 1. 55)	- 6. 874 *** (- 2. 66)	0. 407 (1. 22)	0. 166 (0. 69)	是
酒、饮料和精制茶制造业	- 1. 625 (- 0. 42)	- 2. 237 (- 0. 49)	- 0. 103 (- 0. 46)	- 0. 049 (- 0. 31)	是
烟草制品业	0. 019 (0. 01)	3. 446 (1. 24)	0. 085 (1. 21)	0. 147 * (1. 92)	是
纺织业	5. 419 *** (5. 94)	1. 763 * (1. 69)	1. 684 *** (7. 59)	0. 454 ** (2. 46)	是
纺织服装、服饰业	0. 055 (0. 16)	- 0. 219 (- 0. 83)	0. 392 (1. 53)	0. 161 (0. 92)	是
皮革、毛皮、羽毛及其制品和制鞋业	- 0. 759 (- 1. 23)	- 1. 090 ** (- 2. 24)	0. 217 (0. 71)	0. 026 (0. 13)	是
木材加工和木、竹、藤、棕、草制品业	9. 334 *** (5. 22)	5. 181 *** (5. 41)	1. 136 *** (9. 51)	0. 708 *** (6. 14)	是

续表

行业名称	线性－线性模型	对数－线性模型	线性－对数模型	对数－多数模型	控制变量
家具制造业	0.632 * (1.84)	0.322 (1.06)	0.386 * (1.92)	0.251 (1.57)	是
造纸和纸制品业	6.705 *** (3.33)	5.777 ** (2.31)	0.771 *** (3.98)	0.209 (1.36)	是
印刷和记录媒介复制业	12.786 *** (3.15)	6.861 (1.51)	0.900 *** (3.41)	0.488 ** (2.23)	是
文教、工美、体育和娱乐用品制造业	-0.086 (-0.35)	-0.125 (-0.63)	0.316 ** (2.48)	0.209 * (1.86)	是
石油加工、炼焦和核燃料加工业	12.026 *** (3.42)	14.972 *** (4.25)	0.732 *** (4.04)	0.785 *** (5.02)	是
化学原料和化学制品制造业	1.298 (0.84)	-1.049 (-0.53)	0.502 * (1.83)	0.155 (0.76)	是
医药制造业	-1.365 (-0.56)	-5.915 *** (-3.01)	0.125 (0.55)	-0.172 (-0.99)	是
化学纤维制造业	4.247 (1.4)	18.137 *** (4.71)	-0.017 (-0.15)	-0.034 (-0.37)	是
橡胶和塑料制品业	3.951 *** (2.58)	1.015 (0.74)	0.624 ** (2.5)	0.112 (0.63)	是
非金属矿物制品业	-2.395 (-0.77)	-7.236 ** (-2.17)	0.096 (0.31)	-0.139 (-0.64)	是
黑色金属冶炼和压延加工业	0.309 (0.17)	-2.912 (-1.44)	-0.018 (-0.12)	-0.185 (-1.48)	是
有色金属冶炼和压延加工业	-0.305 (-0.17)	-1.364 (-0.75)	-0.014 (-0.07)	0.013 (0.08)	是
金属制品业	6.049 *** (3.2)	3.359 * (1.81)	1.063 *** (4.39)	0.479 ** (2.30)	是

续表

行业名称	线性 - 线性模型	对数 - 线性模型	线性 - 对数模型	对数 - 多数模型	控制变量
通用设备制造业	1.557 (0.51)	-1.276 (-0.65)	1.101*** (2.81)	0.192 (0.88)	是
专用设备制造业	3.192 (1.42)	0.179 (0.14)	0.554** (2.21)	-0.023 (-0.15)	是
交通运输设备制造业	-4.432** (-2.36)	-7.281*** (-6.02)	-0.680*** (-3.57)	-0.772*** (-5.87)	是
电气机械和器材制造业	2.995*** (3.06)	1.015 (1.13)	1.242*** (4.97)	0.374** (1.96)	是
计算机、通信和其他电子设备制造业	-3.909*** (-3.39)	-3.988*** (-4.15)	-0.906*** (-4.43)	-0.868*** (-5.00)	是
仪器仪表制造业	1.992*** (5.22)	0.704*** (3.06)	1.481*** (4.71)	0.470*** (2.78)	是
x^2	2507.84 (0.00)	1954.80 (0.00)	2192.80 (0.00)	1629.71 (0.00)	—

注：***、**、*分别表示在1%、5%、10%的检验水平下显著，解释变量小括号内为参数估计的 Z 统计量的值，统计量小括号内为相应检验对应的 p 值。

第三节　贸易开放对偏向性技术进步情境下 TFP 影响的实证研究

一、贸易开放的模型设定与基准回归结果与分析

在前文基础上，本书进一步构建了贸易开放对中国制造业行业偏向性技术进步情境下 TFP 影响的基准计量模型为：

$$\ln TFP_{it}^{Bias} = \gamma_1 Trade_{it} + \gamma_2 \ln KL_{it} + \gamma_3 FDI_{it} + \gamma_4 State_{it}$$
$$+ \gamma_5 Competition_{it} + \eta_i + \eta_t + \mu_{it} \qquad (6-13)$$

表 6-16 报告了式（6-13）长面板实证估计结果，从列（1）~列
（6）中可以看出，LSDV + 面板校正标准误差（PCSE）和全面 FGLS 估计的
结果均显示，贸易开放对中国制造业行业偏向性技术进步情境下 TFP 影响
的回归系数在 1% 的检验水平均显著为正值，这说明扩大贸易开放促进了
中国制造业行业偏向性技术进步情境下 TFP 增长。在各模型中，资本密集
度的回归系数显著为负值，外商直接投资的回归系数显著为正值，再次说
明物资资本深化和外商直接投资流入有利于促进偏向性技术进步情境下
TFP 增长。除列（2）外，国有工业经济比重的系数显著为负值，这也说明
随着市场化深入推进，国有工业经济比重下降，非国有工业经济比重上升，
促进了中国制造业生产率增长潜力释放。市场竞争程度的系数在 LSDV + 面
板校正标准误差（PCSE）中为正值，但在全面 FGLS 估计中显著为负值。

表 6-16　贸易开放对偏向性技术进步情境下 TFP 影响的基准回归结果

指标	(1)	(2)	(3)	(4)	(5)	(6)
	面板校正标准误差（PCSE）			全面 FGLS 估计结果		
Trade	0.139 *** (2.68)	0.208 *** (3.82)	0.148 *** (2.84)	0.054 *** (8.13)	0.080 *** (15.30)	0.033 *** (5.29)
lnKL	-0.341 *** (-5.30)		-0.338 *** (-5.20)	-0.282 *** (-66.35)		-0.291 *** (-64.78)
FDI	0.765 *** (3.57)		0.645 *** (3.10)	0.776 *** (38.23)		0.737 *** (45.85)
State		-0.196 (-1.63)	-0.200 ** (-2.07)		-0.119 *** (-34.28)	-0.095 *** (-36.30)
Competition		0.266 * (1.70)	0.175 (1.35)		-0.096 *** (-8.09)	-0.139 *** (-11.67)

续表

指标	（1）	（2）	（3）	（4）	（5）	（6）
	面板校正标准误差（PCSE）			全面 FGLS 估计结果		
常数项	-0.994*** （-12.02）	-1.043*** （-11.39）	-0.954*** （-9.96）	-0.995*** （-11.99）	-0.884*** （-13.32）	-0.890*** （-12.08）
个体效应	控制	控制	控制	控制	控制	控制
时间效应	控制	控制	控制	控制	控制	控制
Wald				903.70 （0.00）	523.69 （0.00）	849.91 （0.00）
Wooldridge				207.704 （0.00）	255.369 （0.00）	200.032 （0.00）
Breusch-Pagan LM				2415.071 （0.00）	3113.181 （0.00）	2440.987 （0.00）
观测值	783	783	783	783	783	783
R-squared	0.829	0.814	0.831			

注：***、**、*分别表示在1%、5%、10%的检验水平下显著，解释变量小括号内为参数估计的 Z 统计量的值，统计量小括号内为相应检验对应的 p 值。

二、贸易开放的内生性检验结果与分析

本书采用两阶段最小二乘法（2SLS）解决贸易开放对偏向性技术进步情境下 TFP 影响的模型中可能存在的内生性问题，表 6 - 17 报告了贸易开放对中国制造业行业偏向性技术进步情境下 TFP 的影响 2SLS 估计结果，列（1）中的工具变量是滞后一期的贸易开放和外商直接投资企业数量占比，列（2）中的工具变量是滞后一期和滞后二期的贸易开放，列（3）中的工具变量是滞后一期至滞后三期的贸易开放。Sargan 统计量、F 统计量、最小特征统计量（minimum eigenvalue）的检验结果表明这些工具变量在特定的检验水平下都满足工具变量与扰动项无关，与内生变量有关的要求。

表 6 – 17　　　　　　**贸易开放对偏向性技术进步情境下 TFP 影响的**
2SLS 检验：内生性检验

指标	(1)	(2)	(3)
	2SLS	2SLS	2SLS
Trade	0. 116 *** (3. 77)	0. 129 *** (4. 30)	0. 137 *** (4. 59)
ln*KL*	0. 320 *** (14. 17)	0. 355 *** (15. 29)	0. 378 *** (15. 25)
FDI	− 0. 681 *** (− 5. 64)	− 0. 641 *** (− 5. 34)	− 0. 606 *** (− 4. 96)
State	− 1. 636 *** (− 19. 76)	− 1. 771 *** (− 21. 41)	− 1. 863 *** (− 22. 19)
Competition	0. 835 *** (7. 13)	0. 902 *** (7. 74)	0. 946 *** (7. 89)
常数项	− 0. 419 *** (− 7. 75)	− 0. 517 *** (− 9. 31)	− 0. 581 *** (− 10. 06)
Sargan	0. 389339 (0. 5326)	2. 75088 (0. 0972)	2. 93987 (0. 2299)
F	5382. 77	5760. 17	5418. 28
minimum eigenvalue	5382. 77	5760. 17	5418. 28
10% 的临界值	19. 93	19. 93	22. 30
观测值	756	729	702
R-squared	0. 592	0. 613	0. 615

注：*** 、 ** 、 * 分别表示在 1% 、5% 、10% 的检验水平下显著，解释变量小括号内为参数估计的 Z 统计量的值，统计量小括号内为相应检验对应的 p 值。

在内生性检验中，控制了其他影响因素后，表 6 – 17 列 （1）~ 列 （3）中贸易开放的回归系数均显著为正值，这说明贸易规模扩大和贸易开放度提升能够促进中国制造业行业偏向性技术进步情境下 TFP 增长。

三、贸易开放的作用渠道扩展性检验结果与分析

为检验适宜性进步效应和要素增强型技术进步效应两种渠道的差异性，本书构建了贸易开放对适宜性偏向性技术进步效应影响的检验模型为：

$$\ln ABTC_{it} = \gamma_1 Trade_{it} + \gamma_2 \ln KL_{it} + \gamma_3 FDI_{it} + \gamma_4 State_{it}$$
$$+ \gamma_5 Competition_{it} + \eta_i + \eta_t + \mu_{it} \qquad (6-14)$$

表 6-18 报告了式（6-14）贸易开放对适宜性偏向性技术进步效应影响的检验结果，从中可以看出，贸易开放的回归系数为 0.345，在 1% 的检验水平下显著。本书还构建了适宜性技术进步效应与贸易开放的对数 - 对数模型，该检验结果中贸易开放的回归系数仍然显著为正值。由此可见，贸易开放变化引起了适宜性偏向性进步效应同向变化。

表 6-18　　　　贸易开放对适宜性偏向性技术进步影响的检验结果

类别	指标	指标值	类别	指标	指标值
对数 - 线性模型	$Trade$	0.345 *** (27.09)	对数 - 对数模型	$\ln Trade$	0.280 *** (44.25)
	$\ln KL$	0.234 *** (24.82)		$\ln KL$	0.233 *** (23.90)
	FDI	0.388 *** (9.59)		FDI	0.357 *** (14.49)
	$State$	0.075 *** (3.89)		$State$	0.026 * (1.87)
	$Competition$	0.541 *** (23.68)		$Competition$	0.426 *** (20.64)
	常数项	- 1.506 *** (-6.31)		常数项	- 0.937 *** (-4.03)

续表

类别	指标	指标值	类别	指标	指标值
对数 – 线性模型	个体效应	控制	对数 – 对数模型	个体效应	控制
	时间效应	控制		时间效应	控制
	观测值	783		观测值	783

注：***、**、* 分别表示在 1%、5%、10% 的检验水平下显著，解释变量小括号内为参数估计的 Z 统计量的值，统计量小括号内为相应检验对应的 p 值。

贸易开放对要素增强型技术进步效应影响的检验模型为：

$$\ln FATC_{it} = \gamma_1' Trade_{it} + \gamma_2' \ln KL_{it} + \gamma_3' FDI_{it} + \gamma_4' State_{it}$$
$$+ \gamma_5' Competition_{it} + \eta_i' + \eta_t' + \mu_{it}' \qquad (6-15)$$

表 6 – 19 报告了式（6 – 15）贸易开放对要素增强型技术进步效应影响的检验结果，贸易开放的回归系数为 – 0.251，在 1% 的检验水平下显著，这表明贸易开放变化引起了要素增强型技术进步效应反向变化。此外，本书还构建了要素增强型进步效应与贸易开放的对数 – 对数模型，该检验结果中贸易开放的回归系数仍然显著为负值，上述结论是稳健性的。

表 6 – 19　　贸易开放对要素增强型技术进步效应影响的检验结果

类别	指标	指标值	类别	指标	指标值
对数 – 线性模型	Trade	– 0.251 *** (– 13.46)	对数 – 对数模型	lnTrade	– 0.218 *** (– 23.39)
	lnKL	– 0.561 *** (– 45.91)		lnKL	– 0.552 *** (– 52.63)
	FDI	– 0.106 ** (– 1.99)		FDI	– 0.137 *** (– 2.73)
	State	– 0.254 *** (– 12.10)		State	– 0.237 *** (– 11.69)

续表

类别	指标	指标值	类别	指标	指标值
对数 - 线性模型	*Competition*	- 0. 455 *** (- 12. 92)	对数 - 对数模型	*Competition*	- 0. 353 *** (- 11. 58)
	常数项	0. 781 *** (3. 72)		常数项	0. 357 (1. 63)
	个体效应	控制		个体效应	控制
	时间效应	控制		时间效应	控制
	观测值	783		观测值	783

注: *** 、** 、* 分别表示在 1% 、5% 、10% 的检验水平下显著,解释变量小括号内为参数估计的 Z 统计量的值,统计量小括号内为相应检验对应的 p 值。

由此可见,贸易开放对偏向性技术进步情境下 TFP 的促进作用是通过适宜性偏向性技术进步渠道实现的。要素增强型技术进步效应渠道反映了大规模投资驱动发展模式下经济效率的损失。

四、贸易开放的样本异质性检验结果与分析

使用随机系数模型考察贸易开放对中国制造业行业偏向性技术进步影响的异质性特征。参数稳定性检验的 Chi-square (χ^2) 统计量及其 p 值,强烈拒绝参数不变的原假设,因此使用随机变系数模型进行估计,各行业贸易开放对行业偏向性技术进步情境下 TFP 影响的系数估计结果如表 6 - 20 所示。

表 6 - 20　　　　　贸易开放对偏向性技术进步情境下 TFP

影响的样本异质性检验结果

行业名称	线性 - 线性	对数 - 线性	线性 - 对数	对数 - 对数	控制变量
农副食品加工业	- 0. 183 (- 0. 16)	- 1. 360 (- 1. 34)	0. 433 * (1. 93)	0. 108 (0. 53)	是

续表

行业名称	线性－线性	对数－线性	线性－对数	对数－对数	控制变量
食品制造业	0.386 (0.23)	-1.725 (-1.25)	0.675*** (2.85)	0.278 (1.36)	是
酒、饮料和精制茶制造业	3.755** (2.48)	1.875 (1.47)	0.321 (1.62)	0.244 (1.59)	是
烟草制品业	0.762 (0.5)	1.643 (1.18)	0.089 (1.47)	0.135* (1.89)	是
纺织业	2.969*** (3.26)	-0.068 (-0.09)	1.647*** (6.37)	0.368* (1.75)	是
纺织服装、服饰业	0.081 (0.25)	-0.208 (-0.83)	0.400 (1.56)	0.138 (0.72)	是
皮革、毛皮、羽毛及其制品和制鞋业	-0.348 (-0.75)	-0.750** (-2.04)	0.323 (1.19)	0.031 (0.140)	是
木材加工和木、竹、藤、棕、草制品业	5.162*** (3.87)	1.147 (1.2)	1.270*** (6.39)	0.645*** (3.80)	是
家具制造业	0.441 (1.24)	0.298 (1.03)	0.394** (1.97)	0.260 (1.56)	是
造纸和纸制品业	-0.519 (-0.58)	-1.716*** (-2.57)	0.468** (2.02)	-0.134 (-0.80)	是
印刷和记录媒介复制业	-1.187 (-0.69)	-3.271** (-2.34)	0.171 (0.70)	-0.159 (-0.77)	是
文教、工美、体育和娱乐用品制造业	0.022 (0.1)	-0.077 (-0.42)	0.353*** (2.82)	0.221** (1.97)	是
石油加工、炼焦和核燃料加工业	3.569** (1.98)	3.068*** (2.19)	0.925*** (3.97)	0.776*** (3.84)	是
化学原料和化学制品制造业	-0.534 (-0.75)	-1.056* (-1.87)	0.320 (1.03)	0.023 (0.11)	是

续表

行业名称	线性 – 线性	对数 – 线性	线性 – 对数	对数 – 对数	控制变量
医药制造业	1.061 (0.61)	– 1.141 (– 0.85)	0.364 * (1.66)	0.031 (0.16)	是
化学纤维制造业	– 5.433 *** (– 4.49)	– 6.430 *** (– 7.75)	– 0.592 *** (– 4.96)	– 0.568 *** (– 6.2)	是
橡胶和塑料制品业	2.392 ** (2.00)	0.048 (0.05)	0.718 *** (2.73)	0.168 (0.83)	是
非金属矿物制品业	– 1.327 (– 0.73)	– 3.097 ** (– 2.04)	0.097 (0.35)	– 0.158 (– 0.73)	是
黑色金属冶炼和压延加工业	0.559 (0.41)	– 0.147 (– 0.13)	0.452 ** (2.17)	0.196 (1.06)	是
有色金属冶炼和压延加工业	– 0.898 (– 1.18)	– 0.749 (– 1.1)	– 0.129 (– 0.69)	– 0.036 (– 0.23)	是
金属制品业	3.634 *** (2.71)	1.028 (0.81)	1.076 *** (4.21)	0.531 ** (2.34)	是
通用设备制造业	– 1.643 ** (– 2.2)	– 1.315 *** (– 3.51)	0.377 (1.15)	– 0.173 (– 0.85)	是
专用设备制造业	0.114 (0.24)	– 0.080 (– 0.27)	0.413 * (1.87)	0.055 (0.42)	是
交通运输设备制造业	– 0.059 (– 0.05)	0.058 (0.06)	0.049 (0.19)	0.011 (0.05)	是
电气机械和器材制造业	1.349 *** (3.94)	0.741 ** (2.46)	1.347 *** (7.13)	0.662 *** (4.19)	是
计算机、通信和其他电子设备制造业	– 1.785 *** (– 3.14)	– 1.798 *** (– 3.54)	– 0.719 *** (– 4.52)	– 0.549 *** (– 3.81)	是
仪器仪表制造业	0.992 *** (5.62)	0.385 *** (3.49)	1.566 *** (5.14)	0.546 *** (3.00)	是

行业名称	线性－线性	对数－线性	线性－对数	对数－对数	控制变量
χ^2	1522. 52 (0. 00)	1821. 27 (0. 00)	1920. 35 (0. 00)	1473. 67 (0. 00)	—

注：***、**、* 分别表示在 1%、5%、10% 的检验水平下显著，解释变量小括号内为参数估计的 Z 统计量的值，统计量小括号内为相应检验对应的 p 值。

从国际贸易的总效应来看，纺织业，木材加工和木、竹、藤、棕、草制品业，石油加工、炼焦和核燃料加工业，金属制品业，电气机械和器材制造业，仪器仪表制造业等多个行业的贸易开放系数普遍显著为正值，也就是这些行业的贸易开放度提高通常促进了行业偏向性技术进步情境下 TFP 增长；化学纤维制造业，计算机、通信和其他电子设备制造业等少数行业的贸易开放度系数显著为负值，这表明随着这些行业进出口贸易规模扩展，往往带来偏向性技术进步情境下 TFP 损失。余下其他行业的贸易开放系数通常不显著。

第四节　本章评述

现有文献很少系统考察国际贸易对偏向性技术进步情境下 TFP 的影响。本书基于偏向性技术进步视角，利用中国制造业 1992 ~ 2020 年 27 个行业的长面板数据，从进口贸易、出口贸易和进出口贸易层面考察了进口渗透率、出口技术溢出和贸易开放对中国制造业行业偏向性技术进步情境下 TFP 的影响，基于基准回归、内生性检验、机制检验、样本异质性检验实证研究了国际贸易对中国制造业行业偏向性技术进步情境下 TFP 的影响。这些分析一定程度上有助于判断国际贸易影响的偏向性技术进步是否有助于以及通过哪些机制、哪些渠道提升中国制造业行业 TFP 增长，从偏向性技术进步角度进一步深化了国际贸易与广义技术进步之间的深层次联系。

第七章

主要结论与政策启示

本书沿着阿西莫格鲁（Acemoglu，2002）提出的偏向性技术进步理论分析框架，借鉴国际贸易对技能偏向性技术进步影响的理论模型（Acemoglu，2003；Thoenig & Verdier，2003；Epifani & Gancia，2008；Gancia et al.，2011；Khalifa，2014；Acemoglu et al.，2015），将其改造和扩展为国际贸易对技术进步在资本与劳动之间偏向影响的理论模型，构建了两个国家（发达国家和发展中国家）、两个部门（资本密集部门和劳动密集部门）、两种要素（资本和劳动）的国际贸易均衡模型，探讨国际贸易对偏向性技术进步的影响。在此基础上，本书以偏向性技术进步为出发点，着重对以下三类问题进行解答：第一，中国制造业行业技术进步偏向何种生产要素，技术进步的要素偏向是否发生了变化，技术进步的偏向速度如何，不同行业间技术进步偏向有何异同？中国制造业行业偏向性技术进步情境下 TFP 发生了怎样的变化，其变化有哪些特征？第二，不同流向的国际贸易对中国制造业行业偏向性技术进步产生了怎样的影响，这些影响有何异同，是什么原因所致？第三，不同流向的国际贸易对中国制造业行业偏向性技术进步情境下 TFP 变化产生了怎样的影响，其影响机制和作用驱动是什么？

本章沿着中国制造业行业偏向性技术进步和偏向性技术进步情境下 TFP 的演变特征、不同流向的国际贸易对中国制造业行业偏向性技术进步影响的实证研究结果、不同流向的国际贸易对中国制造业行业偏向性技术进步情境下 TFP 变化影响的实证研究结果进行总结。根据本书研究结论，提出在构建开放型经济新体制与全面工业化背景下，为促进有利于 TFP 增长的偏向性技术进步，可能需要采取的贸易政策和行业发展政策。最后，根据本领域的研究趋势，提出未来可能的扩展方向。

第一节　主 要 结 论

一、中国制造业偏向性技术进步和偏向性技术进步情境下 TFP 的演变特征

本书使用偏向性技术进步的经典定义，在资本 – 劳动两种最基本的要素组合下，基于要素增强型 CES 生产函数实证考察了 1992 ~ 2020 年中国制造业行业偏向性技术进步，在此基础上进一步研究了中国制造业行业偏向性技术进步情境下 TFP 演变。

（1）样本期间烟草制品业，纺织服装、服饰业，文教、工美、体育和娱乐用品制造业，化学纤维制造业等少数制造业行业的替代弹性大于 1，这些行业的资本 – 劳动之间为替代关系。多数制造业行业的替代弹性普遍小于 1，资本与劳动要素投入之间普遍呈现互补关系。其可能的主要原因是资本使用者成本趋于下降，劳动力工资持续性上升，多数制造业行业资本深化变化幅度对于劳动 – 资本相对价格变化的反应不敏感。

（2）中国制造业行业的技术进步在市场化初期阶段（1992 ~ 1998 年）大多由初始的劳动偏向普遍演变为资本偏向，在工业化加速阶段（1999 ~ 2008 年）技术进步表现出普遍的资本偏向特征，在后全球金融危机时代（2009 ~ 2020 年）技术进步的要素偏向再次发生逆转，多数行业的技术进步由偏向资本演变为普遍偏向劳动。

（3）大多数制造业行业的偏向性技术进步情境下 TFP 水平在市场化初期呈现出 N 形变化趋势，在工业化加速阶段普遍呈现出持续性增长趋势，在后全球金融危机时期经历了低迷增长后，随着供给侧结构性改革推进和制造业强国战略实施，再次进入较快增长区间。

二、国际贸易对中国制造业偏向性技术进步的影响

内生增长理论和新贸易理论均认为国际贸易是技术溢出和生产率增长的重要来源，但忽略了技术进步性质的研究。本书在国际贸易影响偏向性技术进步的理论基础上，利用 1992～2020 年中国制造业 27 个行业的长面板数据，从进口渗透率、出口技术溢出和贸易开放三个层面实证考察了国际贸易对中国制造业行业偏向性技术进步的影响。

（1）基于 LSDV＋面板校正标准误差（PCSE）和全面 FGLS 的总样本估计结果发现，进口渗透率变化与技术进步引起的资本对劳动边际技术替代率变化负相关，这说明进口渗透率上升会显著抑制中国制造业行业技术进步偏向资本，或者说进口渗透率上升有利于中国制造业行业技术进步偏向劳动。其原因可能是中国制造业进口产品嵌入的技术进步可能具有发达国家的技术特征，来自国外制造业产品输入弥补了国内生产和需求缺口，也成为本国技术进步引进、消化和吸收的重要来源。上述结论在使用偏差校正 LSDV 法（LSDVC）处理可能存在的内生性问题后仍然成立，在换用线性－对数、对数－线性模型后仍然成立。进一步研究发现，基准回归模型的分样本检验结果表明进口渗透率对中国制造业行业偏向性技术进步具有的显著负向影响且发生在全球金融危机前，全球金融危机后，进口渗透率的作用转为正值但不显著，这可能与中国制造业更加注重适宜的技术进步引进有关。

（2）出口技术溢出变化与技术进步引起的资本－劳动边际技术替代率变化显著负相关，出口技术溢出提升抑制了中国制造业行业技术进步偏向资本，或者说出口强度上升有助于促进中国制造业行业技术进步偏向劳动。

中国制造业出口比较优势主要集中在劳动密集型行业，出口学习效应的增强和出口技术溢出效应的扩大可能更加有利于中国制造业技术进步偏向劳动而非偏向资本。针对长面板数据的扰动项存在组间异方差、组内自相关、组间同期相关的情形，本书基于 LSDV + 面板校正标准误差（PCSE）进行估计，并使用偏差校正 LSDV 法（LSDVC）来解决出口技术溢出对中国制造业偏向性技术进步影响的长动态面板数据模型中可能的内生性问题后，上述结论依然成立。基于偏向性技术进步 – 出口技术溢出的线性 – 线性模型、对数 – 线性模型、线性 – 对数模型的分样本检验结果发现，在全球金融危机前出口规模扩大，出口技术溢出促进了中国制造业技术进步偏向资本，全球金融危机后，其影响不再显著。

（3）贸易开放度扩大并不利于中国制造业行业技术进步偏向资本，或者说贸易规模扩大促进了中国制造业行业技术进步偏向劳动。该结论在考虑动态面板数据的内生性、稳健性后仍然成立。

三、国际贸易对中国制造业偏向性技术进步情境下 TFP 变化的影响

（1）进口渗透率上升抑制了中国制造业行业偏向性技术进步情境下 TFP 增长。在控制更多因素后，LSDV + 面板校正标准误差（PCSE）和全面 FGLS 的估计结果显示该结论成立，在考虑了可能存在内生性问题后，采用两阶段最小二乘法（2SLS）估计后该结论仍然成立。影响机制检验结果表明研发投入努力强化了进口渗透率对中国制造业行业偏向性技术进步情境下 TFP 增长的抑制效应，人力资本上升会放大进口渗透率的生产率抑制作用。进一步研究表明进口渗透率扩大是通过要素增强型技术进步效应抑制了偏向性技术进步情境下 TFP 增长。其可能的原因是，中国制造业大规模资本深化引起过高的资本边际生产率递减效应，进口渗透率对适宜性偏向性技术进步效应的促进作用不足以抵消它对要素增强型技术进步效应的抑制作用，最终导致进口渗透率扩大抑制了偏向性技术进步情境下 TFP 增长。

基于随机变系数模型发现，食品制造业，酒、饮料和精制茶制造业，文教、工美、体育和娱乐用品制造业，医药制造业，交通运输设备制造业，电气机械和器材制造业，仪器仪表制造业等行业的进口渗透率扩张显著促进了该行业偏向性技术进步情境下 TFP 增长，而纺织业，造纸和纸制品业，印刷和记录媒介复制业等劳动密集型行业以及化学纤维制造业，通用设备制造业，计算机、通信和其他电子设备制造业等研发密集型行业的进口渗透率上升显著抑制了该行业偏向性技术进步情境下 TFP 增长。

（2）随着出口规模扩大，出口技术溢出能够显著提高偏向性技术进步情境下中国制造业行业 TFP 增长。基准检验结果表明出口技术溢出扩大能够显著促进中国制造业行业偏向性技术进步情境下 TFP 增长，提高人力资本投入能够增强出口技术溢出对中国制造业偏向性技术进步情境下 TFP 增长的促进作用。进一步研究发现，出口技术溢出对偏向性技术进步的促进作用主要是通过适宜性偏向性技术进步效应实现的，由于出口技术溢出对适宜性技术进步效应的促进作用抵消它对要素增强型技术进步效应的抑制作用，最终使得出口技术溢出效应扩大促进了偏向性技术进步情境下 TFP 增长。纺织业，木材加工和木、竹、藤、棕、草制品业，造纸和纸制品业，印刷和记录媒介复制业，石油加工、炼焦和核燃料加工业，橡胶和塑料制品业，金属制品业，电气机械和器材制造业，仪器仪表制造业等行业出口技术溢出扩张能够普遍促进行业偏向性技术进步情境下 TFP 增长。交通运输设备制造业，计算机、通信和其他电子设备制造业等少数行业出口规模扩张对偏向性技术进步情境下 TFP 增长有明显的抑制作用。

（3）随着贸易规模扩大，贸易开放度提升能够促进中国制造业行业偏向性技术进步情境下 TFP 增长。贸易开放对偏向性技术进步情境下 TFP 的促进作用是通过适宜性偏向性技术进步渠道实现的。要素增强型技术进步效应渠道反映了大规模投资驱动发展模式在维持制造业复苏和繁荣的同时，通过资本边际生产率递减效应抑制了贸易的生产率效应，一定程度上带来了经济效率的损失。纺织业，木材加工和木、竹、藤、棕、草制品业，石油加工、炼焦和核燃料加工业，金属制品业，电气机械和器材制造业，仪器仪表制造业等多个行业的贸易开放度提高通常促进了行业偏向性技术进步情境下 TFP 增长，化学纤维制造业，计算机、通信和其他电子设备制造业等少数行业进出口贸易规模扩展，往往带来偏向性技术进步情境下 TFP 损失。

第二节 政策启示

在当前构建开放型经济新体制、继续深化工业化与全面实现工业化以及供给侧结构性改革大背景下，促进技术进步以提高 TFP 是构建现代化经济体系的出发点和落脚点。偏向性技术进步并非是国际贸易和生产活动的最终目的，有利于提高 TFP 增长的偏向性技术进步更加重要，应采用有利于提高 TFP 的适宜性偏向性技术。

（1）积极发挥国际贸易扩大带来的适宜性偏向性技术进步效应。经验研究表明进口渗透率上升、出口技术溢出扩大和贸易开放提升抑制了中国制造业行业技术进步偏向资本，有利于倾向中国制造业行业技术进步偏向劳动，且有利于中国制造业行业偏向性技术进步适宜性。因此，发挥国际贸易带来的生产率效应需要增强行业要素禀赋结构变迁与贸易结构之间的适宜性。对于劳动（含技能劳动和人力资本）密集型行业来说，积极推动贸易自由化、扩大劳动偏向性技术进步的产品进出口贸易，以促进这些行业的劳动偏向性技术进步，并促进 TFP 的较快增长。与此同时，还要注重这些行业有效劳动投入结构优化，防止因劳动力工资上升较慢导致有效劳动资源流失，最终不利于该行业生产率进步。对于物质资本密集型行业来说，鼓励发展物资资本密集型产品的进出口贸易，促进贸易品的技术与行业要素禀赋结构优势相结合，降低要素禀赋与技术进步偏向之间的不一致可能对 TFP 增长带来的负面影响。

（2）合理引导国际贸易扩大带来的要素增强型技术进步效应。经验研究表明进口渗透率、出口技术溢出和贸易开放扩大引起要素增强型技术进步效应下降，从而导致偏向性技术情境下对 TFP 的损失。在对外贸易发展过程中，不仅需要注重具有要素禀赋优势的产品出口和存在要素禀赋劣势的产品进口，更应该强化贸易品隐含的生产技术与制造业行业中的使用相匹配。对于劳动生产率进步较快的行业，通过降低关税等手段扩大劳动密集型产品贸易，对于资本生产率进步较快的行业，通过增值税等手段减少劳动密集型贸易品的使用。要紧密结合产业所处的生产率发展阶段，甄别产业的技术比较优势，将资源和产品更多地配置到具有比较优势的产业中。

（3）注重研发资本、人力资本投入与技术进步偏向的适宜性。经验研究表明提高研发经费投入和人力资本投入，有利于增强进口渗透率、出口技术溢出和贸易开放的生产率效应。因此，增加研发投入，提高研发效率，引进和培育更多的研发人员和熟练劳动，发挥干中学、规模经济效应，增强本行业技术引进、吸收、消化和应用的能力，以充分发挥贸易扩大所引致的生产率溢出效应。与此同时，鼓励资金、技术、人才向要素效率高的行业集聚，促进其要素边际产出增长率持续增长，形成贸易高质量发展和制造业高质量的动力。还要合理调整要素边际生产率增长率严重下降的行业，健全市场机制，促进竞争，改善资源配置扭曲现象，消除制造业高质量发展的障碍。

第三节　研　究　展　望

未来可能研究扩展包含以下两个方面：

第一，关注全球价值链、数字贸易等贸易新形态的影响。以全球价值链为基础的国际贸易，与传统贸易存在着重要的区别。全球价值链不仅是一种新的贸易方式，也是发展中国家实现产业升级和生产率进步的重要路径。然而，需要考虑的是，对于任何个体的偏向性技术进步准确识别，往往需要长时间序列数据。从当前可供获得的研究样本特征看，这是该领域分析需要突破的障碍。

第二，注重偏向性技术进步实证研究过程的规范性。要素增强型 CES

生产函数是偏向性技术进步理论建模领域最重要的研究工具，也是偏向性技术进步实证研究领域最流行的函数形式。然而，基于要素增强型 CES 生产函数识别偏向性技术进步受到"戴蒙德不可能定理"和要素增强型 CES 生产函数非线性的双重约束，这使得偏向性技术进步的识别对数据质量的反应通常很敏感，基础性变量计算和参数初始值设定差异对实证研究结果可能具有非常突出的影响，这需要结合经济学假设、模型设定和计量结果合意性标准综合研判。考虑变量进入模型的方式、回归模型的设定等计量设定对偏向性技术进步及其 TFP 识别结果的影响，以提高研究结果的可靠性和准确性。

附录一 国民经济行业分类与国际标准产业分类（SITC Rev. 3）的制造业行业三位码产品对照表

行业名称	SITC（Rev. 3）产品代码
农副食品加工业、食品制造业	011, 012, 016, 017, 022, 023, 024, 025, 034, 035, 037, 042, 045, 046, 047, 048, 054, 056, 058, 059, 061, 062, 071, 073, 075, 081, 091, 098, 411, 421, 422, 431
酒、饮料和精制茶制造业	074, 111, 112
烟草制品业	122
纺织业	269, 651, 652, 653, 654, 655, 656, 657, 658, 659
纺织服装、服饰业	841, 842, 843, 844, 845, 846, 848
皮革、毛皮、羽毛及其制品和制鞋业	611, 612, 613, 831, 851
木材加工及木、竹、藤、棕、草制品业	633, 634, 635
家具制造业	821
造纸和纸制品业	251, 641, 635
印刷和记录媒介复制业	892
文教、工美、体育和娱乐用品制造业	894, 895, 898
石油加工、炼焦及核燃料加工业	325, 334, 335
化学原料及化学制品制造业	232, 511, 512, 513, 514, 515, 516, 522, 523, 524, 525, 531, 532, 533, 551, 553, 554, 562, 571, 572, 573, 574, 575, 579, 591, 592, 593, 597, 598
医药制造业	541, 542
化学纤维制造业	266, 267
橡胶和塑料制品业	621, 625, 629, 581, 582, 583, 893

行业名称	SITC（Rev. 3）产品代码
非金属矿物制品业	661，662，663，664，665，666，667
黑色金属冶炼及压延加工业	671，672，673，674，675，676，677，678，679
有色金属冶炼及压延加工业	681，682，683，684，685，686，687，689
金属制品业	691，692，693，694，695，696，699，811，812
通用机械制造业	711，712，713，714，716，718，731，733，735，737，741，742，743，744，745，746，747，748，749
专用设备制造业	721，722，723，724，725，726，727，728，774，872，881，882，883
交通运输设备制造业	781，782，783，784，785，786，791，792，793
电气机械及器材制造业	771，772，773，775，776，778，813
计算机、通信和其他电子设备制造业	752，761，762，763，764
仪器仪表制造业	751，759，871，873，874，884，885

附录二 偏向性技术进步与偏向性技术 进步情境下 TFP

行业	年份	*Bias*	ln*ATBC*	ln*FATC*	ln*TFP*	*TFPG*
	1992	0.538	−0.425	−0.462	−0.887	—
	1993	0.460	−0.713	0.571	−0.141	1.108
	1994	0.839	−0.001	−0.317	−0.318	−0.162
	1995	0.637	−0.226	−0.691	−0.917	−0.451
	1996	0.246	−2.859	2.098	−0.761	0.169
	1997	0.319	−1.890	1.201	−0.689	0.075
	1998	0.164	−4.968	4.040	−0.929	−0.213
	1999	0.552	−0.522	0.009	−0.513	0.515
	2000	0.645	−0.285	−0.037	−0.322	0.210
农副食品 加工业	2001	1.170	−0.044	−0.143	−0.187	0.145
	2002	1.140	−0.032	−0.020	−0.051	0.146
	2003	1.351	−0.149	0.267	0.118	0.185
	2004	1.407	−0.189	0.409	0.220	0.107
	2005	1.693	−0.441	0.806	0.365	0.156
	2006	1.889	−0.628	1.026	0.398	0.034
	2007	2.112	−0.862	1.274	0.411	0.013
	2008	1.973	−0.707	0.955	0.248	−0.151
	2009	2.317	−1.067	1.177	0.110	−0.129
	2010	2.827	−1.626	1.726	0.100	−0.010
	2011	2.790	−1.561	1.716	0.156	0.057

续表

行业	年份	Bias	lnATBC	lnFATC	lnTFP	TFPG
农副食品加工业	2012	2.253	−0.948	1.105	0.157	0.001
	2013	2.325	−1.011	1.092	0.081	−0.073
	2014	1.408	−0.133	0.226	0.093	0.012
	2015	1.422	−0.130	0.237	0.107	0.014
	2016	1.507	−0.182	0.340	0.159	0.053
	2017	1.775	−0.397	0.714	0.316	0.171
	2018	1.305	−0.073	0.560	0.487	0.186
	2019	0.739	−0.193	0.933	0.740	0.288
	2020	0.863	−0.057	0.800	0.743	0.003
食品制造业	1992	0.292	−1.385	0.131	−1.254	—
	1993	0.225	−2.133	1.569	−0.563	0.994
	1994	0.392	−0.751	0.029	−0.722	−0.147
	1995	0.431	−0.642	−0.528	−1.171	−0.362
	1996	0.459	−0.592	−0.380	−0.972	0.220
	1997	0.487	−0.517	−0.316	−0.833	0.149
	1998	0.417	−0.864	0.097	−0.767	0.068
	1999	0.849	−0.025	−0.612	−0.637	0.139
	2000	0.908	−0.008	−0.357	−0.365	0.312
	2001	1.242	−0.059	−0.254	−0.313	0.054
	2002	1.256	−0.064	−0.126	−0.190	0.130
	2003	1.425	−0.153	0.125	−0.028	0.176
	2004	1.439	−0.159	0.298	0.139	0.182
	2005	1.782	−0.395	0.656	0.261	0.130
	2006	1.863	−0.447	0.766	0.319	0.060
	2007	2.150	−0.672	1.065	0.393	0.077
	2008	1.892	−0.459	0.852	0.393	−0.001
	2009	2.074	−0.597	0.957	0.359	−0.033

续表

行业	年份	*Bias*	ln*ATBC*	ln*FATC*	ln*TFP*	*TFPG*
食品制造业	2010	2.529	−0.972	1.330	0.358	−0.001
	2011	2.466	−0.906	1.359	0.454	0.100
	2012	1.937	−0.459	0.923	0.464	0.010
	2013	2.126	−0.599	1.006	0.407	−0.055
	2014	2.044	−0.514	0.904	0.390	−0.017
	2015	2.346	−0.727	1.058	0.331	−0.057
	2016	2.254	−0.635	1.012	0.377	0.047
	2017	2.012	−0.450	0.990	0.540	0.177
	2018	1.776	−0.292	1.002	0.710	0.186
	2019	1.618	−0.197	1.011	0.814	0.109
	2020	1.494	−0.123	0.941	0.818	0.004
酒、饮料和精制茶制造业	1992	0.407	−0.461	−0.178	−0.639	—
	1993	0.339	−0.702	0.387	−0.315	0.383
	1994	0.423	−0.429	−0.042	−0.471	−0.145
	1995	0.366	−0.658	−0.030	−0.688	−0.195
	1996	0.438	−0.448	−0.172	−0.620	0.071
	1997	0.566	−0.203	−0.382	−0.584	0.036
	1998	0.806	−0.025	−0.592	−0.617	−0.032
	1999	0.813	−0.032	−0.579	−0.611	0.006
	2000	0.830	−0.027	−0.512	−0.539	0.074
	2001	0.947	−0.003	−0.481	−0.484	0.057
	2002	1.036	0.000	−0.386	−0.387	0.102
	2003	1.124	−0.009	−0.262	−0.271	0.123
	2004	1.120	−0.008	−0.128	−0.136	0.144
	2005	1.339	−0.064	0.143	0.080	0.241
	2006	1.475	−0.113	0.295	0.182	0.108
	2007	1.608	−0.173	0.453	0.280	0.103
	2008	1.671	−0.205	0.517	0.312	0.032

续表

行业	年份	Bias	lnATBC	lnFATC	lnTFP	TFPG
酒、饮料和精制茶制造业	2009	1.259	−0.034	0.357	0.323	0.011
	2010	1.708	−0.216	0.560	0.344	0.021
	2011	1.776	−0.250	0.677	0.427	0.087
	2012	1.694	−0.204	0.623	0.419	−0.008
	2013	1.455	−0.093	0.476	0.383	−0.035
	2014	1.420	−0.073	0.414	0.341	−0.041
	2015	1.466	−0.083	0.401	0.318	−0.023
	2016	1.486	−0.083	0.432	0.349	0.032
	2017	1.670	−0.154	0.658	0.503	0.167
	2018	1.698	−0.169	0.868	0.698	0.215
	2019	1.523	−0.096	0.960	0.864	0.180
	2020	1.715	−0.174	1.012	0.838	−0.025
烟草制品业	1992	0.294	0.321	−1.097	−0.777	—
	1993	1.640	−0.067	−0.418	−0.484	0.339
	1994	3.179	−0.078	−0.227	−0.305	0.196
	1995	2.616	−0.047	−0.462	−0.509	−0.184
	1996	1.657	−0.014	−0.691	−0.705	−0.178
	1997	1.698	−0.016	−0.587	−0.603	0.107
	1998	1.537	−0.006	−0.640	−0.645	−0.041
	1999	1.162	−0.002	−0.794	−0.796	−0.140
	2000	1.013	0.000	−0.801	−0.801	−0.005
	2001	0.991	0.000	−0.677	−0.677	0.133
	2002	0.963	0.000	−0.461	−0.461	0.240
	2003	1.104	0.002	−0.284	−0.282	0.197
	2004	1.200	0.005	−0.087	−0.082	0.221
	2005	1.082	0.002	−0.006	−0.004	0.081
	2006	1.140	0.005	0.074	0.079	0.086
	2007	1.333	0.012	0.266	0.278	0.221

续表

行业	年份	Bias	lnATBC	lnFATC	lnTFP	TFPG
烟草制品业	2008	1.385	0.012	0.367	0.380	0.106
	2009	1.059	0.002	0.373	0.375	−0.005
	2010	0.952	−0.001	0.423	0.422	0.048
	2011	0.953	−0.001	0.521	0.520	0.103
	2012	1.023	0.001	0.531	0.532	0.012
	2013	1.168	0.009	0.577	0.586	0.056
	2014	0.934	−0.003	0.586	0.583	−0.003
	2015	0.788	−0.011	0.504	0.493	−0.087
	2016	0.630	−0.014	0.376	0.362	−0.122
	2017	0.580	−0.020	0.454	0.435	0.076
	2018	0.513	−0.022	0.578	0.556	0.129
	2019	0.406	−0.043	0.431	0.388	−0.154
	2020	0.489	−0.044	0.421	0.377	−0.011
纺织业	1992	0.274	−0.385	−0.704	−1.089	—
	1993	0.122	−1.442	0.789	−0.653	0.546
	1994	0.415	−0.112	−0.656	−0.768	−0.108
	1995	0.156	−1.203	−0.087	−1.290	−0.407
	1996	0.040	−4.306	2.281	−2.025	−0.521
	1997	0.207	−0.939	−0.096	−1.035	1.692
	1998	0.282	−0.649	−0.313	−0.962	0.075
	1999	0.744	−0.025	−0.721	−0.746	0.241
	2000	0.706	−0.040	−0.562	−0.603	0.155
	2001	1.083	−0.006	−0.507	−0.513	0.094
	2002	1.298	−0.040	−0.326	−0.365	0.159
	2003	1.483	−0.079	−0.180	−0.259	0.112
	2004	1.434	−0.066	0.010	−0.056	0.226
	2005	1.580	−0.103	0.145	0.042	0.103
	2006	1.611	−0.105	0.202	0.098	0.057

续表

行业	年份	Bias	lnATBC	lnFATC	lnTFP	TFPG
纺织业	2007	1.834	-0.161	0.337	0.176	0.081
	2008	1.818	-0.154	0.373	0.219	0.044
	2009	1.555	-0.069	0.360	0.290	0.074
	2010	2.183	-0.251	0.619	0.368	0.081
	2011	2.172	-0.228	0.639	0.411	0.044
	2012	2.020	-0.147	0.646	0.499	0.092
	2013	2.344	-0.224	0.824	0.600	0.106
	2014	2.164	-0.162	0.794	0.632	0.033
	2015	2.328	-0.181	0.880	0.700	0.070
	2016	2.415	-0.182	0.976	0.794	0.098
	2017	2.312	-0.150	1.093	0.943	0.161
	2018	2.013	-0.090	1.225	1.135	0.211
	2019	1.059	0.006	1.185	1.191	0.058
	2020	1.329	0.014	1.296	1.309	0.126
纺织服装、服饰业	1992	0.904	0.036	-0.956	-0.920	—
	1993	0.748	0.131	-0.527	-0.396	0.690
	1994	0.785	0.092	-0.673	-0.581	-0.169
	1995	0.589	0.277	-1.094	-0.818	-0.211
	1996	0.702	0.129	-0.821	-0.692	0.134
	1997	0.686	0.128	-0.825	-0.697	-0.005
	1998	0.745	0.071	-0.641	-0.570	0.136
	1999	0.952	0.003	-0.483	-0.480	0.095
	2000	0.929	0.006	-0.372	-0.365	0.121
	2001	1.049	-0.001	-0.286	-0.287	0.082
	2002	0.963	0.003	-0.299	-0.296	-0.009
	2003	0.967	0.003	-0.172	-0.169	0.136
	2004	0.928	0.008	-0.078	-0.070	0.104

续表

行业	年份	Bias	lnATBC	lnFATC	lnTFP	TFPG
纺织服装、服饰业	2005	1.033	−0.001	0.068	0.068	0.148
	2006	1.083	0.002	0.107	0.109	0.043
	2007	1.100	0.005	0.135	0.139	0.030
	2008	1.320	0.050	0.080	0.131	−0.009
	2009	1.171	0.019	0.173	0.191	0.063
	2010	1.453	0.104	0.211	0.314	0.131
	2011	1.635	0.196	0.329	0.524	0.234
	2012	1.744	0.248	0.153	0.401	−0.117
	2013	1.399	0.115	0.221	0.336	−0.063
	2014	1.299	0.083	0.245	0.328	−0.008
	2015	1.292	0.090	0.234	0.325	−0.003
	2016	1.322	0.111	0.225	0.337	0.012
	2017	1.089	0.023	0.465	0.488	0.163
	2018	1.092	0.022	0.679	0.701	0.237
	2019	0.626	0.073	0.803	0.876	0.192
	2020	0.522	0.180	0.727	0.907	0.031
皮革、毛皮、羽毛及其制品和制鞋业	1992	0.382	−0.007	−1.016	−1.023	—
	1993	0.478	0.013	−0.461	−0.448	0.778
	1994	0.438	−0.011	−0.510	−0.522	−0.071
	1995	0.415	−0.064	−0.773	−0.837	−0.271
	1996	0.514	−0.046	−0.591	−0.637	0.222
	1997	0.428	−0.109	−0.514	−0.623	0.014
	1998	0.524	−0.087	−0.462	−0.549	0.077
	1999	0.792	−0.010	−0.452	−0.462	0.090
	2000	0.652	−0.038	−0.328	−0.365	0.102
	2001	0.809	−0.003	−0.254	−0.258	0.114
	2002	0.847	0.000	−0.194	−0.194	0.065

续表

行业	年份	Bias	lnATBC	lnFATC	lnTFP	TFPG
皮革、毛皮、羽毛及其制品和制鞋业	2003	0.893	0.002	− 0.085	− 0.083	0.117
	2004	0.913	0.002	0.016	0.019	0.107
	2005	0.852	0.004	0.059	0.063	0.046
	2006	0.891	0.003	0.110	0.114	0.051
	2007	1.098	− 0.006	0.195	0.189	0.079
	2008	1.239	− 0.016	0.220	0.203	0.014
	2009	1.442	− 0.031	0.313	0.282	0.082
	2010	1.847	− 0.084	0.460	0.376	0.098
	2011	1.996	− 0.086	0.580	0.494	0.126
	2012	2.058	− 0.093	0.458	0.365	− 0.121
	2013	1.914	− 0.041	0.400	0.359	− 0.006
	2014	2.028	− 0.035	0.369	0.334	− 0.025
	2015	2.091	− 0.015	0.359	0.344	0.010
	2016	2.376	− 0.015	0.412	0.396	0.053
	2017	2.207	− 0.001	0.523	0.522	0.134
	2018	1.918	0.000	0.701	0.701	0.196
	2019	1.448	0.017	0.790	0.807	0.113
	2020	1.216	0.024	0.752	0.775	− 0.032
木材加工和木、竹、藤、棕、草制品业	1992	0.170	− 1.737	0.109	− 1.628	—
	1993	0.292	− 0.692	− 0.366	− 1.058	0.767
	1994	0.266	− 0.866	− 0.214	− 1.080	− 0.021
	1995	0.307	− 0.718	− 0.528	− 1.246	− 0.154
	1996	0.360	− 0.552	− 0.327	− 0.879	0.444
	1997	0.545	− 0.179	− 0.621	− 0.800	0.082
	1998	0.235	− 1.562	0.717	− 0.845	− 0.044
	1999	1.182	− 0.019	− 0.664	− 0.683	0.175
	2000	1.288	− 0.043	− 0.529	− 0.572	0.118

续表

行业	年份	Bias	lnATBC	lnFATC	lnTFP	TFPG
木材加工和木、竹、藤、棕、草制品业	2001	1.535	-0.122	-0.303	-0.425	0.158
	2002	1.551	-0.125	-0.191	-0.316	0.115
	2003	1.483	-0.114	-0.092	-0.206	0.116
	2004	1.848	-0.283	0.309	0.025	0.261
	2005	1.995	-0.356	0.491	0.135	0.115
	2006	2.149	-0.430	0.643	0.212	0.081
	2007	2.604	-0.675	0.938	0.263	0.052
	2008	2.771	-0.758	0.935	0.177	-0.083
	2009	2.477	-0.579	0.857	0.278	0.106
	2010	3.365	-1.044	1.356	0.312	0.035
	2011	4.429	-1.532	1.928	0.396	0.088
	2012	3.102	-0.848	1.398	0.550	0.166
	2013	3.785	-1.162	1.641	0.479	-0.068
	2014	3.588	-1.027	1.514	0.487	0.008
	2015	2.698	-0.555	1.105	0.550	0.065
	2016	3.105	-0.740	1.316	0.576	0.026
	2017	3.007	-0.693	1.448	0.755	0.196
	2018	2.626	-0.525	1.574	1.050	0.343
	2019	1.136	0.004	1.303	1.307	0.294
	2020	0.804	-0.059	1.428	1.369	0.064
家具制造业	1992	0.369	-6.816	5.496	-1.320	—
	1993	0.339	-8.093	7.143	-0.950	0.447
	1994	0.647	-1.248	0.509	-0.739	0.236
	1995	0.547	-2.496	1.564	-0.932	-0.176
	1996	0.567	-2.214	1.492	-0.721	0.234
	1997	0.622	-1.569	0.929	-0.640	0.085
	1998	0.828	-0.255	-0.190	-0.445	0.215

续表

行业	年份	Bias	lnATBC	lnFATC	lnTFP	TFPG
家具制造业	1999	1.371	-0.722	0.288	-0.434	0.011
	2000	1.318	-0.548	0.235	-0.313	0.129
	2001	1.417	-0.880	0.705	-0.175	0.148
	2002	1.243	-0.341	0.209	-0.132	0.044
	2003	1.314	-0.539	0.452	-0.087	0.047
	2004	1.280	-0.444	0.634	0.190	0.319
	2005	1.233	-0.322	0.487	0.164	-0.025
	2006	1.208	-0.259	0.401	0.142	-0.022
	2007	1.266	-0.395	0.586	0.191	0.050
	2008	1.338	-0.614	0.830	0.217	0.026
	2009	1.452	-0.992	1.239	0.247	0.031
	2010	1.662	-1.854	2.151	0.297	0.051
	2011	1.707	-2.040	2.447	0.407	0.115
	2012	1.729	-2.118	2.530	0.412	0.006
	2013	2.068	-3.738	4.033	0.295	-0.110
	2014	1.383	-0.714	1.086	0.372	0.080
	2015	1.453	-0.943	1.301	0.358	-0.014
	2016	1.416	-0.804	1.170	0.365	0.007
	2017	1.380	-0.690	1.147	0.457	0.096
	2018	1.202	-0.213	0.835	0.622	0.179
	2019	1.036	-0.004	0.715	0.711	0.093
	2020	0.768	-0.546	1.204	0.658	-0.051
造纸和纸制品业	1992	0.290	-0.638	-0.128	-0.766	—
	1993	0.202	-1.264	0.680	-0.583	0.201
	1994	0.310	-0.559	0.063	-0.497	0.091
	1995	0.363	-0.428	-0.423	-0.851	-0.299
	1996	0.342	-0.551	-0.257	-0.808	0.044

续表

行业	年份	*Bias*	ln*ATBC*	ln*FATC*	ln*TFP*	*TFPG*
	1997	0.457	− 0.279	− 0.523	− 0.802	0.006
	1998	0.453	− 0.365	− 0.437	− 0.802	0.000
	1999	0.768	− 0.024	− 0.639	− 0.663	0.149
	2000	0.917	− 0.002	− 0.632	− 0.634	0.030
	2001	1.153	− 0.019	− 0.528	− 0.547	0.091
	2002	1.403	− 0.090	− 0.301	− 0.391	0.169
	2003	1.481	− 0.112	− 0.140	− 0.252	0.149
	2004	1.611	− 0.164	0.108	− 0.056	0.216
	2005	1.835	− 0.247	0.244	− 0.003	0.054
	2006	1.986	− 0.309	0.376	0.067	0.073
	2007	2.330	− 0.476	0.632	0.157	0.094
造纸和	2008	2.220	− 0.421	0.604	0.183	0.027
纸制品业	2009	1.775	− 0.196	0.396	0.200	0.018
	2010	2.448	− 0.517	0.839	0.322	0.129
	2011	3.608	− 1.084	1.419	0.335	0.013
	2012	2.037	− 0.278	0.759	0.481	0.158
	2013	1.662	− 0.109	0.667	0.559	0.081
	2014	1.857	− 0.175	0.794	0.619	0.063
	2015	1.682	− 0.099	0.763	0.665	0.046
	2016	1.916	− 0.174	0.910	0.736	0.074
	2017	2.715	− 0.527	1.322	0.795	0.061
	2018	2.458	− 0.413	1.247	0.834	0.039
	2019	1.046	0.007	0.859	0.866	0.033
	2020	1.799	− 0.123	1.092	0.969	0.109

行业	年份	Bias	lnATBC	lnFATC	lnTFP	TFPG
	1992	0.540	−1.552	0.891	−0.661	—
	1993	0.549	−1.472	1.139	−0.333	0.388
	1994	0.516	−1.832	1.352	−0.480	−0.137
	1995	0.444	−2.892	1.966	−0.926	−0.360
	1996	0.462	−2.625	1.760	−0.865	0.063
	1997	0.492	−2.228	1.467	−0.760	0.111
	1998	0.694	−0.601	−0.079	−0.679	0.084
	1999	1.097	−0.043	−0.533	−0.577	0.108
	2000	1.075	−0.025	−0.523	−0.547	0.030
	2001	1.338	−0.392	−0.027	−0.419	0.137
	2002	1.285	−0.287	−0.017	−0.304	0.122
	2003	1.422	−0.566	0.355	−0.212	0.097
	2004	1.407	−0.531	0.453	−0.078	0.143
	2005	1.416	−0.546	0.516	−0.029	0.050
印刷和记录	2006	1.476	−0.683	0.719	0.036	0.067
媒介复制业	2007	1.555	−0.883	1.032	0.150	0.121
	2008	1.574	−0.938	1.103	0.165	0.015
	2009	1.180	−0.115	0.324	0.209	0.044
	2010	1.530	−0.814	1.092	0.278	0.072
	2011	1.429	−0.559	1.088	0.529	0.285
	2012	1.725	−1.337	1.877	0.540	0.011
	2013	1.682	−1.221	1.675	0.454	−0.082
	2014	1.596	−0.968	1.423	0.455	0.001
	2015	1.464	−0.627	1.084	0.457	0.002
	2016	1.417	−0.513	0.991	0.478	0.021
	2017	1.286	−0.258	0.891	0.633	0.168
	2018	1.264	−0.225	1.046	0.821	0.206
	2019	1.047	−0.004	0.907	0.903	0.086
	2020	0.777	−0.328	1.175	0.847	−0.054

续表

行业	年份	*Bias*	ln*ATBC*	ln*FATC*	ln*TFP*	*TFPG*
	1992	0.856	0.053	−0.821	−0.769	—
	1993	0.755	0.108	−0.596	−0.488	0.323
	1994	0.858	0.045	−0.575	−0.531	−0.041
	1995	0.720	0.101	−0.766	−0.664	−0.125
	1996	0.748	0.074	−0.514	−0.440	0.252
	1997	0.724	0.082	−0.561	−0.479	−0.039
	1998	0.785	0.034	−0.393	−0.359	0.128
	1999	0.927	0.007	−0.290	−0.283	0.079
	2000	0.784	0.039	−0.240	−0.201	0.085
	2001	0.991	0.000	−0.070	−0.069	0.141
	2002	0.974	0.001	−0.039	−0.038	0.032
	2003	0.946	0.004	0.049	0.054	0.096
	2004	0.967	0.002	0.154	0.157	0.109
文教、工美、体育和娱乐用品制造业	2005	0.926	0.006	0.171	0.177	0.021
	2006	0.869	0.013	0.216	0.229	0.053
	2007	0.935	0.003	0.303	0.306	0.080
	2008	0.959	0.001	0.348	0.349	0.044
	2009	0.895	0.003	0.409	0.412	0.065
	2010	1.040	0.001	0.497	0.498	0.090
	2011	0.985	−0.001	0.688	0.687	0.208
	2012	1.701	0.146	0.076	0.221	−0.372
	2013	1.558	0.138	−0.130	0.008	−0.192
	2014	1.744	0.227	−0.204	0.023	0.014
	2015	1.574	0.180	−0.208	−0.028	−0.050
	2016	1.579	0.197	−0.251	−0.054	−0.025
	2017	1.409	0.133	−0.080	0.053	0.113
	2018	1.205	0.045	0.110	0.154	0.107
	2019	1.107	0.024	0.393	0.417	0.301
	2020	0.935	−0.011	0.389	0.377	−0.040

行业	年份	Bias	lnATBC	lnFATC	lnTFP	TFPG
	1992	1.062	−0.021	0.600	0.579	—
	1993	0.945	0.020	0.522	0.542	−0.036
	1994	1.158	−0.055	0.407	0.352	−0.173
	1995	0.841	0.045	0.220	0.265	−0.084
	1996	0.940	0.014	0.117	0.131	−0.125
	1997	1.109	−0.023	0.046	0.023	−0.102
	1998	0.974	0.004	−0.104	−0.100	−0.116
	1999	1.234	−0.026	−0.097	−0.123	−0.022
	2000	0.806	−0.004	−0.148	−0.151	−0.028
	2001	1.119	0.000	−0.060	−0.061	0.095
	2002	1.534	−0.022	0.173	0.151	0.236
	2003	1.330	−0.013	0.250	0.237	0.090
	2004	1.584	−0.040	0.406	0.367	0.138
石油加工、炼焦和核燃料加工业	2005	0.391	−0.153	0.329	0.176	−0.174
	2006	0.047	−1.724	1.448	−0.276	−0.363
	2007	0.913	−0.003	0.068	0.064	0.405
	2008	1.694	−0.042	0.047	0.005	−0.058
	2009	1.633	−0.008	−0.216	−0.224	−0.204
	2010	1.714	0.002	−0.172	−0.170	0.055
	2011	1.025	0.002	−0.312	−0.309	−0.130
	2012	0.272	−0.458	−0.005	−0.464	−0.143
	2013	1.177	0.019	−0.415	−0.396	0.070
	2014	0.529	−0.175	−0.190	−0.365	0.031
	2015	1.517	0.050	−0.291	−0.241	0.132
	2016	3.169	0.015	0.078	0.093	0.397
	2017	2.941	0.034	0.232	0.265	0.189
	2018	2.388	0.041	0.153	0.194	−0.069
	2019	1.440	0.048	0.056	0.105	−0.085
	2020	1.623	0.066	0.053	0.119	0.014

续表

行业	年份	*Bias*	ln*ATBC*	ln*FATC*	ln*TFP*	*TFPG*
	1992	0.376	−0.297	−0.257	−0.554	—
	1993	0.316	−0.451	0.129	−0.322	0.261
	1994	0.504	−0.073	−0.354	−0.426	−0.099
	1995	0.452	−0.179	−0.495	−0.674	−0.219
	1996	0.462	−0.200	−0.444	−0.644	0.030
	1997	0.486	−0.201	−0.537	−0.738	−0.089
	1998	0.543	−0.164	−0.590	−0.754	−0.016
	1999	0.647	−0.079	−0.597	−0.676	0.081
	2000	0.996	0.000	−0.581	−0.580	0.101
	2001	0.948	0.001	−0.430	−0.430	0.163
	2002	1.185	−0.024	−0.274	−0.299	0.140
	2003	1.347	−0.066	−0.019	−0.085	0.239
	2004	1.724	−0.209	0.375	0.166	0.285
化学原料和	2005	1.612	−0.151	0.304	0.153	−0.013
化学制品	2006	1.590	−0.128	0.323	0.194	0.042
制造业	2007	1.872	−0.235	0.512	0.277	0.086
	2008	1.665	−0.152	0.382	0.230	−0.046
	2009	1.462	−0.070	0.233	0.162	−0.066
	2010	2.221	−0.357	0.638	0.281	0.126
	2011	2.450	−0.435	0.727	0.292	0.011
	2012	2.012	−0.233	0.489	0.255	−0.036
	2013	1.903	−0.177	0.467	0.291	0.036
	2014	1.746	−0.104	0.437	0.333	0.043
	2015	1.775	−0.096	0.470	0.374	0.042
	2016	2.054	−0.176	0.656	0.479	0.111
	2017	2.282	−0.250	0.855	0.605	0.134
	2018	2.268	−0.245	0.944	0.700	0.099
	2019	1.176	0.020	0.780	0.800	0.106
	2020	1.546	−0.016	0.871	0.855	0.056

续表

行业	年份	Bias	lnATBC	lnFATC	lnTFP	TFPG
	1992	0.500	−0.196	−0.459	−0.655	—
	1993	0.450	−0.294	−0.109	−0.403	0.287
	1994	0.452	−0.287	−0.316	−0.604	−0.182
	1995	0.378	−0.520	−0.328	−0.848	−0.217
	1996	0.454	−0.337	−0.395	−0.732	0.124
	1997	0.694	−0.052	−0.608	−0.660	0.074
	1998	0.449	−0.406	−0.197	−0.603	0.059
	1999	0.693	−0.077	−0.423	−0.500	0.108
	2000	0.848	−0.013	−0.299	−0.312	0.207
	2001	0.944	−0.001	−0.255	−0.255	0.058
	2002	0.979	0.000	−0.213	−0.213	0.043
	2003	1.063	−0.003	−0.126	−0.128	0.089
	2004	1.148	−0.012	−0.056	−0.067	0.063
	2005	1.312	−0.044	0.091	0.047	0.121
医药制造业	2006	1.281	−0.034	0.128	0.094	0.048
	2007	1.563	−0.127	0.341	0.215	0.128
	2008	1.666	−0.173	0.456	0.283	0.071
	2009	1.444	−0.082	0.371	0.289	0.006
	2010	1.778	−0.217	0.550	0.334	0.045
	2011	1.835	−0.242	0.667	0.425	0.096
	2012	1.624	−0.146	0.597	0.451	0.026
	2013	1.797	−0.210	0.623	0.413	−0.037
	2014	1.598	−0.117	0.493	0.375	−0.037
	2015	1.602	−0.107	0.430	0.323	−0.051
	2016	1.713	−0.141	0.469	0.328	0.005
	2017	1.768	−0.158	0.630	0.472	0.155
	2018	1.618	−0.106	0.763	0.656	0.202
	2019	1.404	−0.041	0.805	0.764	0.114
	2020	1.386	−0.037	0.776	0.740	−0.024

行业	年份	Bias	lnATBC	lnFATC	lnTFP	TFPG
	1992	0.822	0.096	−0.711	−0.614	—
	1993	0.570	0.622	−1.240	−0.618	−0.004
	1994	0.751	0.178	−0.807	−0.629	−0.011
	1995	0.537	0.726	−1.787	−1.061	−0.351
	1996	0.628	0.413	−1.351	−0.938	0.131
	1997	0.711	0.230	−0.987	−0.757	0.199
	1998	0.991	0.000	−0.771	−0.770	−0.013
	1999	0.921	0.012	−0.568	−0.556	0.239
	2000	0.925	0.010	−0.517	−0.507	0.050
	2001	0.771	0.121	−0.665	−0.544	−0.037
	2002	0.994	0.000	−0.355	−0.355	0.209
	2003	1.250	0.087	−0.273	−0.187	0.183
	2004	1.160	0.038	−0.197	−0.159	0.028
化学纤维制造业	2005	0.920	0.011	−0.086	−0.076	0.087
	2006	1.048	0.005	0.005	0.010	0.090
	2007	1.392	0.194	−0.078	0.117	0.112
	2008	0.491	0.854	−0.839	0.015	−0.096
	2009	1.337	0.153	0.107	0.260	0.277
	2010	1.846	0.654	−0.118	0.536	0.318
	2011	1.817	0.621	−0.179	0.443	−0.089
	2012	0.830	0.053	0.210	0.263	−0.164
	2013	1.143	0.036	0.397	0.434	0.186
	2014	0.962	0.000	0.513	0.514	0.083
	2015	1.550	0.360	0.284	0.644	0.139
	2016	1.713	0.540	0.218	0.758	0.121
	2017	1.596	0.416	0.437	0.853	0.100
	2018	1.617	0.433	0.488	0.920	0.069
	2019	1.028	0.003	0.955	0.959	0.039
	2020	0.655	0.267	0.717	0.984	0.025

续表

行业	年份	*Bias*	ln*ATBC*	ln*FATC*	ln*TFP*	*TFPG*
	1992	0.428	−0.541	−0.215	−0.756	—
	1993	0.718	−0.020	−0.432	−0.453	0.355
	1994	0.476	−0.414	−0.171	−0.585	−0.124
	1995	0.299	−1.374	0.432	−0.942	−0.300
	1996	0.442	−0.604	−0.157	−0.761	0.199
	1997	0.187	−0.967	0.125	−0.841	0.018
	1998	0.364	−1.090	0.501	−0.589	0.161
	1999	0.910	−0.006	−0.572	−0.579	0.010
	2000	0.824	−0.039	−0.419	−0.457	0.129
	2001	1.188	−0.033	−0.337	−0.370	0.091
	2002	1.229	−0.048	−0.174	−0.222	0.159
	2003	1.277	−0.067	−0.033	−0.100	0.130
	2004	1.288	−0.070	0.130	0.059	0.172
	2005	1.294	−0.072	0.091	0.019	−0.039
橡胶和塑料 制品业	2006	1.265	−0.057	0.139	0.082	0.064
	2007	1.382	−0.111	0.246	0.135	0.054
	2008	1.341	−0.092	0.213	0.121	−0.013
	2009	1.376	−0.104	0.251	0.147	0.026
	2010	1.654	−0.268	0.520	0.252	0.110
	2011	1.788	−0.342	0.702	0.360	0.114
	2012	1.572	−0.182	0.597	0.415	0.056
	2013	1.865	−0.365	0.770	0.405	−0.010
	2014	1.570	−0.165	0.591	0.426	0.021
	2015	1.696	−0.225	0.677	0.452	0.026
	2016	1.536	−0.128	0.667	0.539	0.092
	2017	1.588	−0.157	0.823	0.666	0.135
	2018	1.392	−0.069	0.877	0.808	0.153
	2019	0.973	−0.004	0.929	0.925	0.124
	2020	1.240	−0.019	0.965	0.945	0.021

行业	年份	Bias	lnATBC	lnFATC	lnTFP	TFPG
	1992	0.340	−0.114	−0.460	−0.574	—
	1993	0.346	−0.101	−0.281	−0.382	0.212
	1994	0.339	−0.152	−0.432	−0.583	−0.182
	1995	0.264	−0.429	−0.404	−0.834	−0.222
	1996	0.196	−0.855	−0.005	−0.859	−0.025
	1997	0.406	−0.599	−0.243	−0.842	0.014
	1998	0.298	−0.579	−0.267	−0.846	−0.004
	1999	0.553	−0.119	−0.613	−0.733	0.120
	2000	0.480	−0.210	−0.391	−0.601	0.141
	2001	0.818	−0.008	−0.498	−0.506	0.100
	2002	0.883	−0.002	−0.382	−0.385	0.129
	2003	1.130	−0.011	−0.163	−0.174	0.234
	2004	1.324	−0.043	0.039	−0.003	0.186
	2005	1.404	−0.050	0.135	0.085	0.093
非金属矿物制品业	2006	1.642	−0.099	0.295	0.196	0.118
	2007	2.021	−0.204	0.527	0.323	0.135
	2008	2.083	−0.214	0.541	0.327	0.004
	2009	1.926	−0.149	0.459	0.309	−0.018
	2010	2.614	−0.340	0.700	0.360	0.052
	2011	3.048	−0.435	0.894	0.459	0.104
	2012	2.850	−0.351	0.782	0.432	−0.027
	2013	2.358	−0.197	0.661	0.464	0.033
	2014	2.421	−0.199	0.677	0.477	0.013
	2015	2.151	−0.110	0.608	0.498	0.021
	2016	2.518	−0.186	0.758	0.572	0.077
	2017	2.606	−0.207	0.898	0.691	0.127
	2018	2.850	−0.285	1.098	0.813	0.130
	2019	2.039	−0.095	0.997	0.902	0.093
	2020	1.940	−0.063	0.938	0.874	−0.027

行业	年份	Bias	lnATBC	lnFATC	lnTFP	TFPG
黑色金属冶炼和压延加工业	1992	0.698	-0.008	-0.486	-0.494	—
	1993	0.688	0.002	-0.283	-0.282	0.237
	1994	0.794	0.026	-0.419	-0.392	-0.105
	1995	0.676	-0.037	-0.702	-0.739	-0.293
	1996	0.401	-0.590	-0.265	-0.855	-0.110
	1997	0.392	-0.863	0.175	-0.688	-0.020
	1998	0.576	-0.212	-0.688	-0.900	-0.057
	1999	0.575	-0.238	-0.565	-0.803	0.102
	2000	0.714	-0.084	-0.582	-0.667	0.146
	2001	0.922	-0.001	-0.502	-0.503	0.177
	2002	1.012	-0.001	-0.349	-0.349	0.166
	2003	1.255	-0.057	-0.024	-0.081	0.308
	2004	1.455	-0.143	0.334	0.191	0.312
	2005	1.298	-0.066	0.267	0.202	0.011
	2006	1.497	-0.140	0.357	0.217	0.015
	2007	1.760	-0.270	0.602	0.332	0.122
	2008	1.150	-0.007	0.286	0.278	-0.053
	2009	1.237	-0.020	0.096	0.076	-0.183
	2010	1.734	-0.225	0.476	0.251	0.192
	2011	1.686	-0.195	0.462	0.267	0.016
	2012	1.211	-0.015	0.188	0.173	-0.089
	2013	1.088	0.004	0.279	0.283	0.116
	2014	0.749	-0.123	0.496	0.373	0.095
	2015	0.426	-0.851	1.430	0.578	0.228
	2016	1.130	0.011	0.693	0.705	0.135
	2017	2.010	-0.319	1.072	0.753	0.050
	2018	2.673	-0.699	1.402	0.703	-0.049
	2019	1.284	-0.005	0.857	0.852	0.161
	2020	1.134	0.014	0.927	0.942	0.094

续表

行业	年份	*Bias*	ln*ATBC*	ln*FATC*	ln*TFP*	*TFPG*
	1992	0.557	−0.212	−0.325	−0.537	—
	1993	0.544	−0.240	0.027	−0.213	0.383
	1994	0.333	−1.052	0.848	−0.204	0.009
	1995	0.619	−0.145	−0.537	−0.683	−0.380
	1996	0.311	−1.350	0.682	−0.668	0.014
	1997	0.384	−0.712	−0.122	−0.834	−0.003
	1998	1.175	−0.050	−0.608	−0.658	0.031
	1999	0.751	−0.067	−0.425	−0.492	0.181
	2000	0.686	−0.132	−0.242	−0.374	0.125
	2001	0.819	−0.030	−0.184	−0.214	0.173
	2002	1.009	−0.001	−0.132	−0.133	0.085
	2003	1.266	−0.075	0.188	0.114	0.279
	2004	1.484	−0.195	0.463	0.268	0.167
有色金属冶炼和压延加工业	2005	1.561	−0.235	0.509	0.274	0.005
	2006	1.899	−0.469	0.813	0.344	0.073
	2007	1.792	−0.383	0.543	0.161	−0.168
	2008	1.293	−0.068	0.042	−0.026	−0.171
	2009	1.812	−0.367	0.393	0.026	0.053
	2010	1.994	−0.494	0.696	0.202	0.193
	2011	2.000	−0.485	0.593	0.109	−0.089
	2012	1.498	−0.136	0.214	0.078	−0.030
	2013	1.420	−0.092	0.268	0.176	0.104
	2014	1.519	−0.131	0.384	0.253	0.079
	2015	1.343	−0.040	0.386	0.346	0.098
	2016	1.805	−0.271	0.722	0.452	0.111
	2017	1.580	−0.152	0.624	0.472	0.020
	2018	1.766	−0.248	0.744	0.495	0.024
	2019	0.911	−0.032	0.661	0.629	0.143
	2020	0.910	−0.032	0.728	0.695	0.069

续表

行业	年份	Bias	lnATBC	lnFATC	lnTFP	TFPG
	1992	0.406	-0.403	-0.551	-0.954	—
	1993	0.397	-0.455	-0.117	-0.572	0.465
	1994	0.478	-0.271	-0.461	-0.733	-0.149
	1995	0.359	-0.726	-0.251	-0.977	-0.217
	1996	0.450	-0.436	-0.395	-0.831	0.158
	1997	0.362	-0.407	-0.630	-1.037	0.051
	1998	0.521	-0.362	-0.317	-0.680	0.167
	1999	0.978	0.001	-0.536	-0.536	0.155
	2000	0.804	-0.038	-0.374	-0.412	0.132
	2001	1.224	-0.042	-0.246	-0.287	0.132
	2002	1.264	-0.057	-0.079	-0.136	0.163
	2003	1.450	-0.139	0.158	0.019	0.168
	2004	1.504	-0.168	0.314	0.146	0.135
	2005	1.430	-0.129	0.326	0.198	0.053
金属制品业	2006	1.491	-0.154	0.407	0.253	0.057
	2007	1.642	-0.230	0.553	0.323	0.073
	2008	1.807	-0.322	0.552	0.230	-0.089
	2009	1.583	-0.173	0.371	0.198	-0.032
	2010	2.141	-0.495	0.776	0.280	0.086
	2011	2.354	-0.600	1.030	0.430	0.161
	2012	2.566	-0.715	1.049	0.334	-0.092
	2013	2.034	-0.356	0.694	0.337	0.003
	2014	2.206	-0.422	0.759	0.338	0.001
	2015	2.074	-0.329	0.710	0.381	0.044
	2016	2.516	-0.582	1.088	0.506	0.133
	2017	2.002	-0.294	0.956	0.662	0.169
	2018	1.741	-0.187	0.909	0.722	0.062
	2019	1.136	0.006	0.796	0.802	0.083
	2020	1.203	-0.001	0.827	0.826	0.024

行业	年份	*Bias*	ln*ATBC*	ln*FATC*	ln*TFP*	*TFPG*
	1992	0.342	−0.288	−0.771	−1.058	—
	1993	0.468	−0.051	−0.659	−0.710	0.417
	1994	0.424	−0.127	−0.646	−0.774	−0.062
	1995	0.399	−0.231	−0.763	−0.994	−0.198
	1996	0.386	−0.313	−0.774	−1.087	−0.089
	1997	0.270	−0.720	−0.219	−0.940	0.040
	1998	0.402	−0.381	−0.644	−1.025	0.013
	1999	0.661	−0.069	−0.832	−0.900	0.132
	2000	0.726	−0.042	−0.706	−0.747	0.165
	2001	0.926	0.000	−0.577	−0.578	0.185
	2002	1.148	−0.014	−0.396	−0.409	0.183
	2003	1.261	−0.035	−0.125	−0.161	0.283
	2004	1.416	−0.077	0.191	0.113	0.315
	2005	1.546	−0.116	0.298	0.182	0.071
通用设备	2006	1.674	−0.149	0.407	0.258	0.079
制造业	2007	1.803	−0.188	0.524	0.337	0.082
	2008	2.095	−0.285	0.554	0.269	−0.065
	2009	1.812	−0.156	0.415	0.259	−0.010
	2010	2.611	−0.438	0.744	0.306	0.048
	2011	2.876	−0.503	0.968	0.465	0.172
	2012	1.973	−0.157	0.770	0.613	0.159
	2013	2.430	−0.313	0.927	0.613	0.000
	2014	2.287	−0.243	0.877	0.634	0.021
	2015	2.099	−0.155	0.791	0.635	0.002
	2016	2.105	−0.141	0.850	0.708	0.076
	2017	2.205	−0.180	1.070	0.889	0.198
	2018	1.983	−0.137	1.208	1.071	0.199
	2019	1.418	−0.011	1.189	1.178	0.113
	2020	1.505	−0.026	1.235	1.209	0.031

续表

行业	年份	Bias	lnATBC	lnFATC	lnTFP	TFPG
	1992	0.307	−0.380	−0.627	−1.007	—
	1993	0.380	−0.176	−0.493	−0.669	0.403
	1994	0.392	−0.173	−0.533	−0.705	−0.036
	1995	0.366	−0.282	−0.659	−0.941	−0.210
	1996	0.293	−0.588	−0.391	−0.979	−0.037
	1997	0.424	−0.366	−0.572	−0.939	−0.076
	1998	0.350	−0.496	−0.423	−0.919	0.021
	1999	0.644	−0.068	−0.700	−0.768	0.162
	2000	0.526	−0.184	−0.426	−0.610	0.171
	2001	0.897	−0.001	−0.457	−0.458	0.164
	2002	1.125	−0.013	−0.217	−0.230	0.256
	2003	1.220	−0.026	−0.143	−0.170	0.063
	2004	1.324	−0.049	0.158	0.109	0.321
	2005	1.572	−0.118	0.313	0.195	0.091
专用设备制造业	2006	1.761	−0.172	0.448	0.276	0.084
	2007	2.205	−0.331	0.659	0.328	0.053
	2008	2.470	−0.429	0.715	0.286	−0.041
	2009	1.916	−0.190	0.500	0.311	0.025
	2010	2.924	−0.561	0.923	0.362	0.053
	2011	3.199	−0.634	1.128	0.494	0.140
	2012	2.877	−0.472	0.998	0.526	0.033
	2013	2.449	−0.303	0.783	0.480	−0.045
	2014	2.474	−0.280	0.746	0.466	−0.014
	2015	2.076	−0.131	0.584	0.453	−0.012
	2016	2.335	−0.193	0.711	0.518	0.067
	2017	2.511	−0.259	0.951	0.692	0.189
	2018	2.198	−0.190	1.113	0.923	0.261
	2019	1.561	−0.037	1.121	1.084	0.174
	2020	1.927	−0.139	1.241	1.102	0.018

行业	年份	*Bias*	ln*ATBC*	ln*FATC*	ln*TFP*	*TFPG*
	1992	0.487	−0.109	−0.669	−0.778	—
	1993	0.452	−0.148	−0.361	−0.509	0.309
	1994	0.381	−0.308	−0.260	−0.569	−0.058
	1995	0.384	−0.356	−0.398	−0.753	−0.169
	1996	0.331	−0.586	−0.273	−0.860	−0.101
	1997	0.562	−0.261	−0.586	−0.847	0.008
	1998	0.450	−0.359	−0.509	−0.868	0.073
	1999	0.581	−0.166	−0.641	−0.807	0.063
	2000	0.747	−0.046	−0.674	−0.719	0.092
	2001	0.942	−0.001	−0.510	−0.511	0.232
	2002	1.164	−0.017	−0.214	−0.230	0.324
	2003	1.491	−0.108	0.116	0.008	0.269
	2004	1.373	−0.067	0.203	0.136	0.136
	2005	1.207	−0.021	0.161	0.140	0.005
交通运输设备制造业	2006	1.471	−0.084	0.290	0.206	0.068
	2007	1.847	−0.220	0.530	0.310	0.110
	2008	1.739	−0.177	0.490	0.313	0.003
	2009	1.930	−0.238	0.557	0.320	0.007
	2010	2.630	−0.554	0.902	0.348	0.028
	2011	2.650	−0.549	0.951	0.403	0.056
	2012	2.047	−0.266	0.715	0.449	0.047
	2013	2.299	−0.363	0.824	0.461	0.012
	2014	2.204	−0.314	0.781	0.467	0.007
	2015	2.285	−0.321	0.769	0.448	−0.019
	2016	2.504	−0.394	0.882	0.489	0.042
	2017	2.155	−0.253	0.885	0.632	0.155
	2018	2.004	−0.201	0.947	0.746	0.120
	2019	0.776	−0.089	0.935	0.846	0.105
	2020	0.851	−0.048	0.941	0.893	0.048

续表

行业	年份	*Bias*	ln*ATBC*	ln*FATC*	ln*TFP*	*TFPG*
	1992	0.370	−0.672	−0.274	−0.946	—
	1993	0.420	−0.474	−0.056	−0.530	0.516
	1994	0.451	−0.395	−0.321	−0.716	−0.170
	1995	0.468	−0.411	−0.464	−0.875	−0.146
	1996	0.442	−0.531	−0.323	−0.854	0.020
	1997	0.895	−0.024	−0.947	−0.971	0.189
	1998	0.759	−0.065	−0.706	−0.770	0.079
	1999	0.914	−0.007	−0.613	−0.619	0.163
	2000	0.965	−0.001	−0.405	−0.406	0.238
	2001	1.212	−0.035	−0.254	−0.289	0.124
	2002	1.222	−0.039	−0.124	−0.162	0.135
	2003	1.303	−0.070	0.096	0.026	0.207
	2004	1.310	−0.075	0.296	0.221	0.215
电气机械和	2005	1.282	−0.066	0.316	0.250	0.029
器材制造业	2006	1.225	−0.043	0.320	0.277	0.028
	2007	1.396	−0.110	0.373	0.263	−0.013
	2008	1.656	−0.250	0.465	0.215	−0.047
	2009	1.599	−0.201	0.417	0.215	0.000
	2010	1.886	−0.368	0.639	0.271	0.057
	2011	2.694	−0.894	1.119	0.226	−0.044
	2012	1.388	−0.072	0.382	0.310	0.088
	2013	1.642	−0.181	0.501	0.320	0.010
	2014	1.539	−0.124	0.484	0.360	0.041
	2015	1.791	−0.240	0.619	0.379	0.019
	2016	1.974	−0.331	0.761	0.430	0.052
	2017	1.686	−0.175	0.772	0.597	0.182
	2018	1.553	−0.119	0.877	0.758	0.175
	2019	1.210	−0.008	0.945	0.937	0.196
	2020	1.293	−0.026	1.042	1.016	0.082

续表

行业	年份	Bias	ln*ATBC*	ln*FATC*	ln*TFP*	*TFPG*
	1992	0.288	−3.486	2.629	−0.857	—
	1993	0.354	−2.401	1.730	−0.671	0.204
	1994	0.484	−1.150	0.181	−0.970	−0.258
	1995	0.516	−0.974	−0.050	−1.024	−0.053
	1996	0.588	−0.634	−0.511	−1.145	−0.114
	1997	0.316	−0.480	−0.680	−1.159	0.009
	1998	0.861	−0.051	−0.749	−0.800	0.187
	1999	0.983	−0.001	−0.653	−0.654	0.157
	2000	1.188	−0.071	−0.317	−0.388	0.304
	2001	1.146	−0.040	−0.365	−0.405	−0.017
	2002	1.114	−0.024	−0.239	−0.263	0.153
	2003	1.224	−0.091	0.067	−0.024	0.270
计算机、通信和其他电子设备制造业	2004	1.345	−0.201	0.265	0.065	0.093
	2005	1.227	−0.097	0.257	0.161	0.101
	2006	1.225	−0.095	0.311	0.215	0.056
	2007	1.273	−0.136	0.396	0.261	0.046
	2008	1.218	−0.092	0.399	0.306	0.047
	2009	1.101	−0.020	0.344	0.324	0.017
	2010	1.530	−0.423	0.753	0.330	0.006
	2011	1.455	−0.331	0.808	0.477	0.159
	2012	1.300	−0.161	0.771	0.610	0.141
	2013	1.367	−0.224	0.834	0.609	0.000
	2014	1.413	−0.273	0.945	0.672	0.064
	2015	1.103	−0.018	0.768	0.750	0.082
	2016	1.900	−0.944	1.614	0.670	−0.077
	2017	1.633	−0.543	1.401	0.858	0.206
	2018	1.560	−0.442	1.437	0.995	0.147
	2019	1.264	−0.112	1.208	1.095	0.106
	2020	1.626	−0.518	1.526	1.008	−0.084

续表

行业	年份	Bias	lnATBC	lnFATC	lnTFP	TFPG
	1992	0.276	−0.405	−0.857	−1.262	—
	1993	0.464	−0.048	−0.884	−0.932	0.390
	1994	0.347	−0.241	−0.701	−0.942	−0.010
	1995	0.244	−0.656	−0.543	−1.199	−0.227
	1996	0.289	−0.533	−0.636	−1.168	0.031
	1997	0.946	0.005	−0.743	−0.738	0.023
	1998	0.381	−0.398	−0.555	−0.953	0.230
	1999	0.642	−0.080	−0.773	−0.854	0.104
	2000	0.721	−0.044	−0.625	−0.669	0.203
	2001	1.031	−0.001	−0.570	−0.571	0.103
	2002	1.024	0.000	−0.479	−0.480	0.095
	2003	1.106	−0.006	−0.163	−0.169	0.365
	2004	1.125	−0.009	0.047	0.038	0.229
仪器仪表制造业	2005	1.432	−0.063	0.187	0.124	0.090
	2006	1.378	−0.049	0.239	0.190	0.068
	2007	1.653	−0.120	0.407	0.287	0.102
	2008	1.572	−0.094	0.415	0.321	0.034
	2009	1.784	−0.137	0.415	0.279	−0.041
	2010	2.173	−0.252	0.585	0.333	0.056
	2011	2.319	−0.286	0.738	0.451	0.126
	2012	2.040	−0.159	0.840	0.681	0.258
	2013	2.340	−0.246	0.965	0.719	0.039
	2014	2.584	−0.300	1.038	0.738	0.019
	2015	2.148	−0.148	0.893	0.745	0.007
	2016	2.610	−0.252	1.024	0.773	0.028
	2017	2.381	−0.201	1.133	0.932	0.173
	2018	2.272	−0.180	1.379	1.199	0.306
	2019	1.654	−0.055	1.470	1.416	0.242
	2020	1.985	−0.131	1.525	1.394	−0.021

参考文献

[1] 包群，叶宁华，王艳灵．外资竞争、产业关联与中国本土企业的市场存活 [J]. 经济研究，2015 (7)：102 –115.

[2] 陈欢，王燕．国际贸易与中国技术进步方向——基于制造业行业的经验研究 [J]. 经济评论，2015 (3)：84 –96.

[3] 陈诗一．中国工业分行业统计数据估算：1980—2008 [J]. 经济学(季刊)，2011 (3)：735 –776.

[4] 陈晓玲，连玉君．资本 – 劳动替代弹性与地区经济增长——德拉格兰德维尔假说的检验 [J]. 经济学 (季刊)，2013，12 (1)：93 –118.

[5] 陈晓玲，徐舒，连玉君．要素替代弹性、有偏技术进步对我国工业能源强度的影响 [J]. 数量经济技术经济研究，2015 (3)：58 –76.

[6] 陈勇，李小平．中国工业行业的面板数据构造及资本深化评估：1985 ~ 2003 [J]. 数量经济技术经济研究，2006，23 (10)：57 –68.

[7] 程时雄，柳剑平．中国工业行业 R&D 投入的产出效率与影响因素 [J]. 数量经济技术经济研究，2014 (2)：36 –51.

[8] 戴天仕，徐现祥．中国的技术进步方向 [J]. 世界经济，2010 (11)：54 –70.

[9] 邓明．人口年龄结构与中国省际技术进步方向 [J]. 经济研究，2014 (3)：130 –143.

[10] 丁从明，邵敏敏，谢凤璘．技术进步偏离与劳动收入份额下降的经

验研究 [J]. 科研管理, 2016, 37 (9): 39 - 48.

[11] 董直庆, 蔡啸, 王林辉. 财产流动性与分布不均等: 源于技术进步方向的解释 [J]. 中国社会科学, 2016 (10): 72 - 92.

[12] 封永刚, 蒋雨彤, 彭珏. 中国经济增长动力分解: 有偏技术进步与要素投入增长 [J]. 数量经济技术经济研究, 2017 (9): 39 - 56.

[13] 郝枫. 中国技术偏向的趋势变化、行业差异及总分关系 [J]. 数量经济技术经济研究, 2017 (4): 20 - 38.

[14] 郝枫, 盛卫燕. 中国要素替代弹性估计 [J]. 统计研究, 2014, 31 (7): 12 - 21.

[15] 何小钢, 王自力. 能源偏向型技术进步与绿色增长转型——基于中国 33 个行业的实证考察 [J]. 中国工业经济, 2015 (2): 50 - 62.

[16] 黄先海, 徐圣. 中国劳动收入比重下降成因分析——基于劳动节约型技术进步的视角 [J]. 经济研究, 2009 (7): 34 - 44.

[17] 景维民, 张璐. 环境管制、对外开放与中国工业的绿色技术进步 [J]. 经济研究, 2014 (9): 34 - 47.

[18] 孔宪丽, 米美玲, 高铁梅. 技术进步适宜性与创新驱动工业结构调整——基于技术进步偏向性视角的实证研究 [J]. 中国工业经济, 2015 (11): 62 - 77.

[19] 雷钦礼. 偏向性技术进步的测算与分析 [J]. 统计研究, 2013, 30 (4): 83 - 91.

[20] 雷钦礼. 通用技术进步框架下全要素生产率核算方法研究 [J]. 统计研究, 2022, 39 (7): 31 - 42.

[21] 雷钦礼, 李粤麟. 资本技能互补与技术进步的技能偏向决定 [J]. 统计研究, 2020, 37 (3): 48 - 59.

[22] 雷钦礼, 徐家春. 技术进步偏向、要素配置偏向与我国 TFP 的增长 [J]. 统计研究, 2015, 32 (8): 10 - 16.

[23] 李小克, 李小平. 中国全要素生产率演变的测度和多重效应分解——偏向性技术进步视角 [J]. 经济研究, 2022 (4): 191 - 208.

[24] 李小平, 李小克. 偏向性技术进步与中国工业全要素生产率增长 [J]. 经济研究, 2018, 53 (10): 82-96.

[25] 李小平, 卢现祥, 朱钟棣. 国际贸易、技术进步和中国工业行业的生产率增长 [J]. 经济学 (季刊), 2008, 7 (2): 549-564.

[26] 李小平, 王树柏, 周记顺. 碳生产率变动与出口复杂度演进: 1992~2009 年 [J]. 数量经济技术经济研究, 2014 (9): 22-39.

[27] 李小平, 周记顺, 王树柏. 中国制造业出口复杂度的提升和制造业增长 [J]. 世界经济, 2015 (2): 31-57.

[28] 李小平, 朱钟棣. 国际贸易、R&D 溢出和生产率增长 [J]. 经济研究, 2006 (2): 31-43.

[29] 李小平, 朱钟棣. 中国工业行业的全要素生产率测算——基于分行业面板数据的研究 [J]. 管理世界, 2005 (4): 56-64.

[30] 陆菁, 刘毅群. 要素替代弹性、资本扩张与中国工业行业要素报酬份额变动 [J]. 世界经济, 2016, 39 (3): 118-143.

[31] 陆雪琴, 章上峰. 技术进步偏向定义及其测度 [J]. 数量经济技术经济研究, 2013 (8): 20-34.

[32] 罗长远. 卡尔多 "特征事实" 再思考: 对劳动收入占比的分析 [J]. 世界经济, 2008 (11): 86-96.

[33] 罗知, 宣琳露, 李浩然. 国际贸易与中国技术进步方向——基于要素价格扭曲的中介效应分析 [J]. 经济评论, 2018 (3): 74-89.

[34] 潘士远. 贸易自由化、有偏的学习效应与发展中国家的工资差异 [J]. 经济研究, 2007 (6): 98-105, 141.

[35] 潘士远. 最优专利制度、技术进步方向与工资不平等 [J]. 经济研究, 2008 (1): 127-136.

[36] 邵敏, 包群. 外资进入是否加剧中国国内工资扭曲: 以国有工业企业为例 [J]. 世界经济, 2012 (10): 3-24.

[37] 宋冬林, 王林辉, 董直庆. 技能偏向型技术进步存在吗? ——来自中国的经验证据 [J]. 经济研究, 2010 (5): 68-81.

[38] 宋丽萍，杨大威．开放经济下中国产业结构特征与技能偏向性技术进步 [J]．世界经济研究，2016 (5)：112 - 124.

[39] 王班班，齐绍洲．有偏技术进步、要素替代与中国工业能源强度 [J]．经济研究，2014 (2)：115 - 127.

[40] 王班班，齐绍洲．中国工业技术进步的偏向是否节约能源 [J]．中国人口·资源与环境，2015，25 (7)：24 - 31.

[41] 王晶晶，焦勇，江三良．中国八大综合经济区技术进步方向的区域差异与动态演进：1978 ~ 2017 [J]．数量经济技术经济研究，2021，38 (4)：3 - 21.

[42] 王俊，胡雍．中国制造业技能偏向技术进步的测度与分析 [J]．数量经济技术经济研究，2015 (1)：82 - 96.

[43] 王林辉，蔡啸，高庆昆．中国技术进步技能偏向性水平：1979—2010 [J]．经济学动态，2014 (4)：56 - 65.

[44] 王林辉，袁礼．要素结构变迁对要素生产率的影响——技术进步偏态的视角 [J]．财经研究，2012 (11)：38 - 48.

[45] 夏良科．人力资本与 R&D 如何影响全要素生产率——基于中国大中型工业企业的经验分析 [J]．数量经济技术经济研究，2010，27 (4)：78 - 94.

[46] 鄢哲明，邓晓兰，陈宝东．绿色技术进步对中国产业结构低碳化的影响 [J]．经济社会体制比较，2016 (4)：25 - 39.

[47] 杨博，王林辉．中国工业全球价值链嵌入位置对能源偏向型技术进步的影响 [J]．中国人民大学学报，2022，36 (1)：135 - 148.

[48] 杨飞．南北贸易与技能偏向性技术进步——兼论中国进出口对前沿技术的影响 [J]．国际经贸探索，2014，30 (1)：4 - 16.

[49] 杨飞，程瑶．南北贸易、产权保护与技能偏向性技术进步——论产权保护是否存在门槛效应 [J]．财经研究，2014，40 (10)：59 - 70.

[50] 杨翔，李小平，钟春平．中国工业偏向性技术进步的演变趋势及影响因素研究 [J]．数量经济技术经济研究，2019，36 (4)：101 - 119.

［51］杨振兵. 中国制造业创新技术进步要素偏向及其影响因素研究 ［J］. 统计研究, 2016a, 33（1）: 26 – 34.

［52］杨振兵. 有偏技术进步视角下中国工业产能过剩的影响因素分析 ［J］. 数量经济技术经济研究, 2016b, 33（8）: 30 – 46.

［53］杨振兵, 邵帅, 张诚. 生产比较优势、棘轮效应与中国工业技术进步的资本偏向 ［J］. 数量经济技术经济研究, 2015,（9）: 39 – 55.

［54］姚毓春, 袁礼, 王林辉. 中国工业部门要素收入分配格局——基于技术进步偏向性视角的分析 ［J］. 中国工业经济, 2014（8）: 44 – 56.

［55］尹今格, 雷钦礼. 研发效率、要素禀赋及国际贸易与技术偏向程度 ［J］. 统计研究, 2016, 33（1）: 20 – 25.

［56］殷德生, 唐海燕. 技能型技术进步、南北贸易与工资不平衡 ［J］. 经济研究, 2006（5）: 106 – 114.

［57］尤济红, 王鹏. 环境规制能否促进 R&D 偏向于绿色技术研发?——基于中国工业部门的实证研究 ［J］. 经济评论, 2016（3）: 26 – 38.

［58］赵伟, 赵嘉华. 离岸与技术进步的要素偏向: 生产率效应与结构效应 ［J］. 国际贸易问题, 2020（6）: 75 – 92.

［59］张莉, 李捷瑜, 徐现祥. 国际贸易、偏向型技术进步与要素收入分配 ［J］. 经济学（季刊）, 2012, 11（2）: 409 – 428.

［60］张意翔, 成金华, 汤尚颖, 李通屏. 技术进步偏向性、产权结构与中国区域能源效率 ［J］. 数量经济技术经济研究, 2017, 34（8）: 72 – 88.

［61］张月玲, 叶阿忠. 中国的技术进步方向与技术选择——基于要素替代弹性分析的经验研究 ［J］. 产业经济研究, 2014（1）: 92 – 102.

［62］章上峰. 时变弹性生产函数生产率分解公式及其政策含义 ［J］. 数量经济技术经济研究, 2011, 28（7）: 106 – 121.

［63］赵志耘, 吕冰洋, 郭庆旺, 贾俊雪. 资本积累与技术进步的动态融合: 中国经济增长的一个典型事实 ［J］. 经济研究, 2007（11）: 18 – 31.

［64］郑猛. 有偏技术进步下要素替代增长效应研究 ［J］. 数量经济技术经

济研究，2016（11）：94 – 110.

[65] 钟世川，毛艳华. 中国经济增长率的分解——基于要素分配参数的讨论 [J]. 统计研究，2016，33（9）：22 – 29.

[66] 钟世川，毛艳华. 中国全要素生产率的再测算与分解研究——基于多要素技术进步偏向的视角 [J]. 经济评论，2017（1）：3 – 14.

[67] 左晖，艾丹祥. ICT 投资、偏向性技术变化与全要素生产率 [J]. 统计研究，2021，38（9）：19 – 33.

[68] Acemoglu D. Changes in Unemployment and Wage Inequality：An Alternative Theory and Some Evidence [J]. Social Science Electronic Publishing，1999，89（5）：1259 – 1278.

[69] Acemoglu D. Directed Technical Change [J]. Review of Economic Studies，2002，69（4）：781 – 809.

[70] Acemoglu D. Localised and Biased Technologies：Atkinson and Stiglitz's New View，Induced Innovations，and Directed Technological Change [J]. Economic Journal，2015，125（583）：443 – 463.

[71] Acemoglu D. Patterns of Skill Premia [J]. Review of Economic Studies，2003，70（2）：199 – 230.

[72] Acemoglu D. When Does Labor Scarcity Encourage Innovation？ [J]. Journal of Political Economy，2010，118（6）：1037 – 1078.

[73] Acemoglu D. Why Do New Technologies Complement Skills？ Directed Technical Change and Wage Inequality [J]. Quarterly Journal of Economics，1998，113（4）：1055 – 1089.

[74] Acemoglu D，Aghion P，Bursztyn L，Hemous D. The Environment and Directed Technical Change [R]. NBER Working Paper，No. 15451，2009.

[75] Acemoglu D，Aghion P，Bursztyn L，et al. The Environment and Directed Technical Change [J]. American Economic Review，2012a，102（1）：131 – 166.

[76] Acemoglu D, Gancia G A, Zilibotti F. Offshoring and Directed Technical Change [J]. American Economic Journal: Macroeconomics, 2015, 7 (3): 84 – 122.

[77] Acemoglu D, Zilibotti F. Productivity Differences [J]. Quarterly Journal of Economics, 2001, 116 (2): 563 – 606.

[78] Afonso O, Gil P M. Effects of North-South Trade on Wage Inequality and on Human-Capital Accumulation [J]. Economic Modelling, 2013, 35 (5): 481 – 492.

[79] Aghion P, Howitt P. A Model of Growth Through Creative Destruction [J]. Econometrica, 1992, 60 (2): 323 – 351.

[80] Aghion P, Harris C, Howitt P, et al. Competition, Imitation and Growth with Step-by-Step Innovation [J]. Review of Economic Studies, 2001, 68 (3): 467 – 492.

[81] Aghion P, Howitt P. The Economics of Growth [M]. MIT Press, 2009, 1 (272): 124 – 125.

[82] Ai C, Norton E C. Interaction Terms in Logit and Probit Models [J]. Economics Letters, 2003, 80 (1): 123 – 129.

[83] Antonelli C, Feder C. A Long-Term Comparative Analysis of the Direction and Congruence of Technological Change [J]. Socio-Economic Review, 2019: 1 – 23.

[84] Antonelli C, Quatraro F. The Effects of Biased Technological Change on Total Factor Productivity: Empirical Evidence from a Sample of OECD Countries [J]. Journal of Technology Transfer, 2010, 35 (4): 361 – 383.

[85] Antonelli C, Quatraro F. The Effects of Biased Technological Changes on Total Factor Productivity: A Rejoinder and New Empirical Evidence [J]. Journal of Technology Transfer, 2014, 39 (2): 281 – 299.

[86] Antonelli C. Localized Technological Change and Factor Markets: Con-

straints and Inducements to Innovation [J]. Structural Change & Economic Dynamics, 2006, 17 (2): 224 - 247.

[87] Antonelli C. Technological Congruence and the Economic Complexity of Technological Change [J]. Structural Change & Economic Dynamics, 2016, 38: 15 - 24.

[88] Antràs P. Is the U. S. Aggregate Production Function Cobb-Douglas? New Estimates of the Elasticity of Substitution [J]. Contributions in Macroeconomics, 2004, 4 (1): 1161 - 1197.

[89] Arrow K J, Chenery H B, Minhas B S, et al. Capital-Labor Substitution and Economic Efficiency [J]. Review of Economics & Statistics, 1961, 43 (3): 225 - 250.

[90] Asmild M, Tam F. Estimating Global Frontier Shifts and Global Malmquist Indices [J]. Journal of Productivity Analysis, 2007, 27 (2): 137 - 148.

[91] Autor D H, Dorn D, Hanson G H. The China Syndrome: Local Labor Market Effects of Import Competition in the United States [J]. American Economic Review, 2013, 103 (6): 2121 - 2168.

[92] Autor D H, Katz L F, Krueger A B. Computing Inequality: Have Computers Changed the Labor Market? [J]. Quarterly Journal of Economics, 1998, 113 (4): 1169 - 1213.

[93] Baltagi B H, Rich D P. Skill-Biased Technical Change in US Manufacturing: A General Index Approach [J]. Journal of Econometrics, 2005, 126 (2): 549 - 570.

[94] Barros C P, Guironnet J P, Peypoch N. Productivity Growth and Biased Technical Change in French Higher Education [J]. Economic Modelling, 2011, 28 (1 - 2): 641 - 646.

[95] Barros C P, Managi S, Matousek R. Productivity Growth and Biased Technological Change: Credit Banks in Japan [J]. Journal of International Fi-

nancial Markets Institutions & Money, 2009, 19 (5): 924 – 936.

[96] Berman E, Bound J, Machin S. Implications of Skill-Biased Technological Change: International Evidence [J]. Quarterly Journal of Economics, 1998, 113 (4): 1245 – 1279.

[97] Berman E, Machin S. Skill-Based Technology Transfer Around the World [J]. Oxford Review of Economic Policy, 2000, 16 (3): 12 – 22.

[98] Bernard A B, Jones C I. Comparing Apples to Oranges: Productivity Convergence and Measurement across Industries and Countries: Reply [J]. American Economic Review, 1996, 86 (5): 1216 – 1238.

[99] Berthold N, Fehn R, Thode E. Falling Labor Share and Rising Unemployment: Long-Run Consequences of Institutional Shocks? [J]. German Economic Review, 2002, 3 (4): 431 – 459.

[100] Bloom N, Draca M, Van Reenen J. Trade Induced Technical Change? The Impact of Chinese Imports on Innovation, IT and Productivity [J]. Cepr Discussion Papers, 2011, 83 (1): 1 – 13.

[101] Bodkin R G, Klein L R. Nonlinear Estimation of Aggregate Production Functions [J]. Review of Economics & Statistics, 1967, 49 (1): 28 – 44.

[102] Bratti M, Matteucci N. Is There Skill Biased Technological Change in Italian Manufacturing: Evidence from Firm-Level Data [J]. Cahiers économiques De Bruxelles, 2005, 48 (1 – 2): 153 – 182.

[103] Brambilla I, Lederman D, Porto G. Exports, Export Destinations, and Skills [J]. American Economic Review, 2012, 102 (7): 3406 – 3438.

[104] Briec W, Chambers R G, Färe R, et al. Parallel Neutrality [J]. Journal of Economics, 2006, 88 (3): 285 – 305.

[105] Briec W, Peypoch N, Ratsimbanierana H. Productivity Growth and Biased Technological Change in Hydroelectric Dams [J]. Energy Econom-

ics, 2011, 33 (5): 853 – 858.

[106] Briec W, Peypoch N. Biased Technical Change and Parallel Neutrality [J]. Journal of Economics, 2007, 92 (3): 281 – 292.

[107] Chen X. Estimation of the CES Production Function with Biased Technical Change: A Control Function Approach [J]. Working Papers of Beta, 2012, 234 (6): 120 – 141.

[108] Conte A, Vivarelli M. Globalization and Employment: Imported Skill Biased Technological Change in Developing Countries [J]. Social Science Electronic Publishing, 2007, 49 (1): 36 – 65.

[109] David P A. Biased Efficiency Growth and Capital-Labor Substitution in the U. S. 1899 – 1960 [J]. American Economic Review, 1965, 55 (3): 357 – 394.

[110] De La Grandville O. In Quest of the Slutzky Diamond [J]. American Economic Review, 1989, 79 (3): 468 – 481.

[111] Decreuse B, Maarek P. FDI and the Labor Share in Developing Countries: A Theory Andsome Evidence [R]. HAL Working Papers, 2008.

[112] Diamond P A. Disembodied Technical Change in a Two-Sector Model [J]. Review of Economic Studies, 1965, 32 (2): 161 – 168.

[113] Diamond P, Mcfadden D, Rodriguez M. Chapter IV. 2—Measurement of the Elasticity of Factor Substitution and Bias of Technical Change [J]. Contributions to Economic Analysis, 1978, 2: 125 – 147.

[114] David P A, van de Klundert T C M J. Biased Efficiency Growth and Capital-Labor Substitution in the U. S. 1899 – 1960 [J]. American Economic Review, 1965, 55 (3): 357 – 394.

[115] Doraszelski U, Jaumandreu J. Measuring the Bias of Technological Change [J]. Journal of Political Economy, 2018, 126 (3): 1027 – 1084.

[116] Eicher T, García-Peñalosa C. Endogenous Strength of Intellectual Property Rights: Implications for Economic Development and Growth [J]. Euro-

pean Economic Review, 2008, 52 (2): 237 – 258.

[117] Epifani P, Gancia G. The Skill Bias of World Trade [J]. Economic Journal, 2008, 118 (530): 927 – 960.

[118] Fajnzylber P, Fernandes A M. International Economic Activities and Skilled Labour Demand: Evidence from Brazil and China [J]. Applied Economics, 2009, 41 (5): 563 – 577.

[119] Färe R, Grifell-Tatjé E, Grosskopf S, et al. Biased Technical Change and the Malmquist Productivity Index [J]. Scandinavian Journal of Economics, 1997, 99 (1): 119 – 127.

[120] Färe R, Grosskopf S. Intertemporal Production Frontiers: With Dynamic DEA [J]. Journal of the Operational Research Society, 1997, 48 (6): 656 – 656.

[121] Färe R, Grosskopf S. Intertemporal Production Frontiers with Dynamic DEA [M]. Kluwer Academic Publishers, Boston, 1996.

[122] Feder C. A Measure of Total Factor Productivity with Biased Technological Change [J]. Economics of Innovation & New Technology, 2017a (2): 1 – 11.

[123] Feder C. Biased Technological Change: A Contribution to the Debate [R]. Department of Economics & Statistics Cognetti De Martiis Working Papers, 2014.

[124] Feder C. Biased and Neutral Technological Change: Empirical Evidence from a Sample of OECD Countries [J]. Applied Economics Letters, 2019, 26 (11): 943 – 947.

[125] Feder C. The Effects of Disruptive Innovations on Productivity [J]. Technological Forecasting & Social Change, 2017b.

[126] Feenstra R C, Hanson G H. Globalization, Outsourcing, and Wage Inequality [J]. American Economic Review, 1996, 86 (2): 240 – 245.

[127] Feenstra R C, Hanson G H. Ownership and Control in Outsourcing to Chi-

na: Estimating the Property-Rights Theory of the Firm [J]. Quarterly Journal of Economics, 2005, 120 (2): 729 – 761.

[128] Feenstra R C, Hanson G H. The Impact of Outsourcing and High-Technology Capital on Wages: Estimates For the United States, 1979 – 1990 [J]. Quarterly Journal of Economics, 1999, 114 (3): 907 – 940.

[129] Felipe J, Mccombie J. Biased Technical Change, Growth Accounting, and the Conundrum of the East Asian Miracle [J]. Journal of Comparative Economics, 2001, 29 (3): 542 – 565.

[130] Fisher-Vanden K, Jefferson G H. Technology Diversity and Development: Evidence from China's Industrial Enterprises [J]. Journal of Comparative Economics, 2008, 36 (4): 658 – 672.

[131] Frankel J A, Romer D. Does Trade Cause Growth? [J]. American Economic Review, 1999, 89 (3): 379 – 399.

[132] Galor O, Moav O. Ability-Biased Technological Transition, Wage Inequality, and Economic Growth [J]. Quarterly Journal of Economics, 2000, 115 (2): 469 – 497.

[133] Gancia G, Bonfiglioli A. North-South Trade and Directed Technical Change [J]. Journal of International Economics, 2008, 76 (2): 276 – 295.

[134] Gancia G, Müller A, Zilibotti F. Structural Development Accounting [R]. CEPR Discussion Papers, 2011.

[135] Gancia G, Zilibotti F. Horizontal Innovation in the Theory of Growth and Development [M]//Elsevier B V. Handbook of Economic Growth, 2005: 111 – 170.

[136] Gancia G, Zilibotti F. Technological Change and the Wealth of Nations [J]. Annual Review of Economics, 2009, 1 (1): 93 – 120.

[137] Geishecker I. Does Outsourcing to Central and Eastern Europe Really Threaten Manual Workers' Jobs in Germany? [J]. World Economy,

2006, 29 (5): 559 - 583.

[138] Goldin C, Katz L F. The Origins of Technology-Skill Complementarity [J]. Quarterly Journal of Economics, 1996, 113 (3): 693 - 732.

[139] Grossman G, Helpman E. Innovation and Growth in the Global Economy [M]. Cambridge, MA: MIT Press, 1991.

[140] Grossman G M, Rossi-Hansberg E. Trading Tasks: A Simple Theory of Offshoring [J]. American Economic Review, 2008, 98 (5): 1978 - 1997.

[141] Haas C, Kempa K. Directed Technical Change and Energy Intensity Dynamics: Structural Change vs. Energy Efficiency [R]. Magks Papers on Economics, 2016.

[142] Habakkuk H J. American and British Technology in the Nineteenth Century: Search for Labor Saving Inventions [M]. Cambridge University Press, 1962.

[143] Hanlon W W. Necessity Is the Mother of Invention: Input Supplies and Directed Technical Change [J]. Econometrica, 2015, 83 (1): 67 - 100.

[144] Harrison A E. Has Globalization Eroded Labor's Share? Some Cross-Country Evidence [R]. Mpra Paper, 2005.

[145] Hicks J. The Theory of Wages [M]. London, Macmillan, 1932.

[146] Karanfil F, Yeddir-Tamsamani Y. Is Technological Change Biased Toward Energy? A Multi-Sectoral Analysis for the French Economy [J]. Energy Policy, 2010, 38 (4): 1842 - 1850.

[147] Kennedy C. Induced Bias in Innovation and the Theory of Distribution [J]. Economic Journal, 1964, 74 (295): 541 - 547.

[148] Khalifa S. South-South Trade and Skill Premia [J]. World Economy, 2014, 37 (11): 1634 - 1648.

[149] Khalifa S, Mengova E. Trading Tasks and Skill Premia [J]. Journal of

Finance and Economics, 2015, 3 (3): 46 –71.

[150] Khanna N. Analyzing the Economic Cost of the Kyoto Protocol [J]. Ecological Economics, 2001, 38 (1): 59 –69.

[151] Kiley M T. The Supply of Skilled Labour and Skill-Biased Technological Progress [J]. Finance & Economics Discussion, 1999, 109 (458): 708 –724.

[152] Klump R, Grandville O D L. Economic Growth and the Elasticity of Substitution: Two Theorems and Some Suggestions [J]. American Economic Review, 2000, 90 (1): 282 –291.

[153] Klump R, Mcadam P, Willman A. Factor Substitution and Factor-Augmenting Technical Progress in the United States: A Normalized Supply-Side System Approach [J]. Review of Economics & Statistics, 2007, 89 (1): 183 –192.

[154] Klump R, Preissler H. CES Production Functions and Economic Growth [J]. Scandinavian Journal of Economics, 2000, 102 (1): 41 –56.

[155] Klump R, McAdam P, Willman A. The Normalized CES Production Function: Theory and Empirics [J]. Journal of Economic Surveys, 2012, 26 (5): 769 –799.

[156] Klump R, McAdam P, Willman A. Unwrapping some Euro Area Growth Puzzles: Factor Substitution, Productivity and Unemployment [J]. Journal of Macroeconomics, 2008, 30 (2): 645 –666.

[157] Kmenta J. On Estimation of the CES Production Function [J]. International Economic Review, 1967, 8 (2): 180 –189.

[158] Kronenberg T. Energy Conservation, Unemployment and the Direction of Technical Change [J]. Portuguese Economic Journal, 2010, 9 (1): 1 –17.

[159] Krusell P. Investment-Specific R&D and the Decline in the Relative Price of Capital [J]. Journal of Economic Growth, 1998, 3 (2): 131 –141.

[160] Krusell P, Ohanian L E, Ríos-Rull J V, et al. Capital-Skill Complementarity and Inequality: A Macroeconomic Analysis [J]. Econometrica, 2000, 68 (5): 1029 – 1053.

[161] León-Ledesma M A, Mcadam P, Willman A. Identifying the Elasticity of Substitution with Biased Technical Change [J]. American Economic Review, 2010, 100 (4): 1330 – 1357.

[162] León-Ledesma M A, Mcadam P, Willman A. Production Technology Estimates and Balanced Growth [J]. Oxford Bulletin of Economics & Statistics, 2015, 77 (1): 40 – 65.

[163] Li S A, Pan S, Chi S. North-South FDI and Directed Technical Change [J]. Economic Modelling, 2016, 59: 425 – 435.

[164] Lucas. On the Mechanics of Economic Development [J]. Journal of Monetary Economics, 1988, 22 (1): 3 – 42.

[165] Marianne S. The Identification of Directed Technical Change Revisited [R]. ZEW Discussion Papers, 2014.

[166] Matsuyama K. Beyond Icebergs: Towards a Theory of Biased Globalization [J]. Review of Economic Studies, 2007, 74 (1): 237 – 253.

[167] Melitz M J. The Impact of Trade on Intra-Industry Reallocations and Aggregate Industry Productivity [J]. Econometrica, 2003, 71 (6): 1695 – 1725.

[168] Meschi E, Taymaz E, Vivarelli M. Globalization, Technological Change and Labor Demand: A Firm-Level Analysis for Turkey [J]. Review of World Economics, 2016, 152 (4): 1 – 26.

[169] Mizobuchi H. Multiple Directions for Measuring Biased Technical Change [R]. Cepa Working Papers, 2015.

[170] Moroney J R. Identification and Specification Analysis of Alternative Equations for Estimating the Elasticity of Substitution [J]. Southern Economic Journal, 1970, 36 (3): 287 – 299.

[171] Nordhaus W. Some Skeptical Thoughts on the Theory of Induced Innovation [J]. Quarterly Journal of Economics, 1973, 87 (2): 208 –219.

[172] Olsen K B. Productivity Impacts of Offshoring and Outsourcing: A Review [R]. Oecd Science Technology & Industry Working Papers, 2006.

[173] Panik M J. Factor Learning and Biased Factor Efficiency Growth in the United States, 1929 – 1966 [J]. International Economic Review, 1976, 17 (3): 733 –739.

[174] Klump R, McAdam P, Willman A. Factor Substitution and Factor-Augmenting Technical Progress in the United States: A Normalized Supply-Side System Approach [J]. The Review of Economics and Statistics, 2007, 89 (1): 183 –192.

[175] Romer P M. Endogenous Technological Change [J]. Journal of Political Economy, 1990, 14 (5): 71 –102.

[176] Salter W E G. Productivity and Technical Change [M]. 2nd ed. Cambridge University Press, Cambridge, United Kingdom, 1966.

[177] Sato R, Morita T. Quantity or Quality: The Impact of Labour Saving Innovation on US and Japanese Growth Rates, 1960 –2004 [J]. Japanese Economic Review, 2009, 60 (4): 407 –434.

[178] Sato R. The Estimation of Biased Technical Progress and the Production Function [J]. International Economic Review, 1970, 11 (2): 179 –208.

[179] Savin I, Meckl J, Brandt J. Factor-Biased Technical Change and Specialization Patterns [J]. Magks Papers on Economics, 2011.

[180] Shao S, Luan R, Yang Z, et al. Does Directed Technological Change Get Greener: Empirical evidence from Shanghai's Industrial Green Development Transformation [J]. Ecological Indicators, 2016, 69: 758 –770.

[181] Smulders S, Nooij M D. The Impact of Energy Conservation on Technolo-

gy and Economic Growth [J]. Resource & Energy Economics, 2003, 25 (1): 59 – 79.

[182] Solow R M. Technical Change and the Aggregate Production Function [J]. Review of Economics & Statistics, 1957, 39 (3): 554 – 562.

[183] Sorensen A. Comparing Apples to Oranges: Productivity Convergence and Measurement across Industries and Countries: Comment [J]. American Economic Review, 2001, 91 (4): 1160 – 1167.

[184] Srour I, Taymaz E, Vivarelli M. Skill-Biased Technological Change and Skill-Enhancing Trade in Turkey: Evidence from Longitudinal Microdata [R]. Social Science Electronic Publishing, 2013.

[185] Stokke H E, Rattso J. Trade, Skill Biased Technical Change and Wage Inequality in South Africa [J]. Review of International Economics, 2013, 21 (3): 419 – 431.

[186] Sturgill B, Zuleta H. Variable Factor Shares and the Index Number Problem: A Generalization [J]. Economics Bulletin, 2017, 37 (1): 30 – 37.

[187] Sturgill B. Back to the Basics: Revisiting the Development Accounting Methodology [J]. Journal of Macroeconomics, 2014, 42 (C): 52 – 68.

[188] Sturgill B. The Relationship between Factor Shares and Economic Development [J]. Journal of Macroeconomics, 2012, 34 (4): 1044 – 1062.

[189] Svaleryd H, Vlachos J. Financial Markets, the Pattern of Industrial Specialization and Comparative Advantage: Evidence from OECD Countries [J]. European Economic Review, 2005, 49 (1): 113 – 144.

[190] Thoenig M, Verdier T. A Theory of Defensive Skill-Biased Innovation and Globalization [J]. American Economic Review, 2003, 93 (3): 709 – 728.

[191] Verhoogen E A. Trade, Quality Upgrading, and Wage Inequality in the

Mexican Manufacturing Sector [J]. Quarterly Journal of Economics, 2008, 123 (2): 489 – 530.

[192] Wilkinson M. Factor Supply and the Direction of Technological Change [J]. American Economic Review, 1968, 58 (1): 120 – 128.

[193] Willman A. Euro Area Production Function and Potential Output: A Supply Side System Approach [R]. Working Paper, 2002.

[194] Wood A. North-South Trade, Employment and Inequality: Changing Fortunes in a Skill-Driven World [J]. Clarendon, 1994, 49 (3): 432 – 435.

[195] Xu B. Endogenous Technology Bias, International Trade and Relative Wages [D]. University of Florida, 2001.

[196] Yu M M, Hsu C C. Service Productivity and Biased Technological Change of Domestic Airports in Taiwan [J]. International Journal of Sustainable Transportation, 2012, 6 (1): 1 – 25.

[197] Zuleta H, Sturgill B. Getting Growth Accounting Right [C]. Documentos Cede, 2015, http//dx. doi. org/10. 2139/ssrn. 2677385.

[198] Zuleta H. Factor Saving Innovations and Factor Income Shares [J]. Review of Economic Dynamics, 2008, 11 (4): 836 – 851.

[199] Zuleta H. Variable Factor Shares, Measurement and Growth Accounting [J]. Economics Letters, 2012, 114 (1): 91 – 93.